日本交通政策研究会研究双書 37

トラック輸送イノベーションが解決する物流危機

兵藤 哲朗・根本 敏則　編著

成山堂書店

口絵
1　ダブル連結トラック

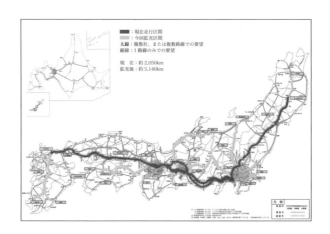

口絵
2　図 1-5　2022 年 11 月に拡充されたダブル連結トラックの通行区間

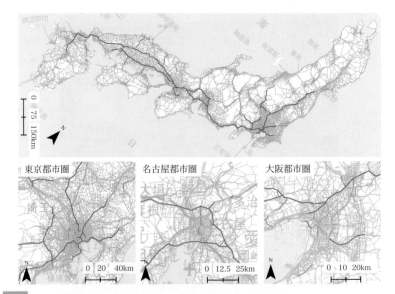

東京都市圏　名古屋都市圏　大阪都市圏

口絵 3 **図 3-6　大型貨物車の走行需要が高い区間**（背景地図：地理院タイル）

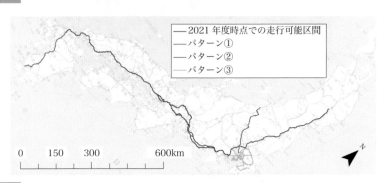

口絵 4 **図 3-7　走行可能とした区間（パターン①～③）**（背景地図：地理院タイル）

口絵 5 **図 3-8　走行可能とした区間（パターン④）**（背景地図：地理院タイル）

口絵 6 図 3-9 拡大後に走行可能となった OD ペア (B-2) の分布（パターン①）

口絵 7 図 3-10 拡大後に走行可能となった OD ペア (B-2) の分布（パターン②）

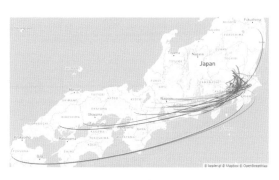

口絵 8 図 3-11 拡大後に走行可能となった OD ペア (B-2) の分布（パターン③）

口絵 9 図 3-12 走行可能とした区間（パターン④）

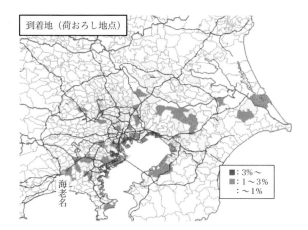

口絵 10 図 6-7 海老名 SA（上り）で 8 時間以上駐車している車両の荷おろし地点

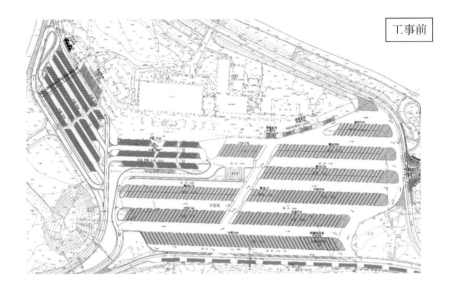

工事前

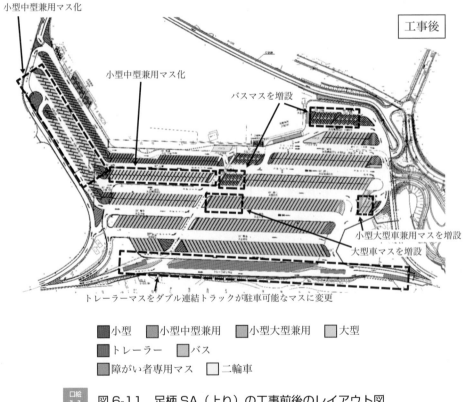

工事後

小型中型兼用マス化

小型中型兼用マス化

バスマスを増設

小型大型車兼用マスを増設

大型車マスを増設

トレーラーマスをダブル連結トラックが駐車可能なマスに変更

■小型	■小型中型兼用	■小型大型兼用	■大型
■トレーラー	■バス		
■障がい者専用マス	□二輪車		

口絵
11

図6-11　足柄SA（上り）の工事前後のレイアウト図

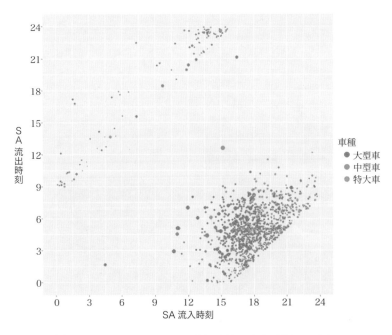

口絵 12 　図 7-4　足柄 SA の流入時刻と流出時刻の関係
（8 時間以上駐車の大型車）

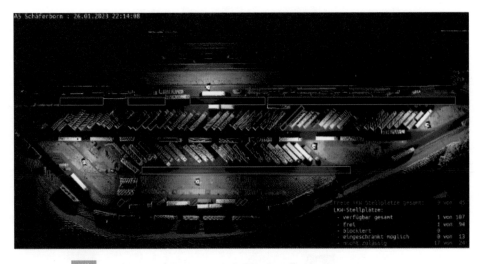

口絵 13 　図 8-2　センサーによる駐車可能台数の把握結果イメージ

口絵
14　図 8-4　足柄 SA（上り）における昼間と夜間の撮影結果（静止画）

下り線→

←上り線

口絵
15　図 8-9　夜間照明の光量不足

は じ め に

　2024年4月から導入される労働基準法による時間外労働時間の上限規制、および「自動車運転者の労働時間等の改善のための基準（改善基準告示）」の改正による労働時間規制が物流業界に大きな衝撃を与えている。1人のドライバーが働くことができる時間が短くなるため、ドライバー不足に拍車がかかるのである。実は、2017年に「物流クライシス」という言葉が巷間流布され、宅配便業界などで業務再編が進んだが、今回も「物流の2024年問題」として「ドライバー不足」「運べない危機」など、同じキーワードがマスコミなどで大きく取り上げられている。

　政府も事態を重く受け止め、2023年10月の物流革新緊急パッケージのなかで、「トラック運転手の労働負担の軽減」としてトラック大型化のための「大型・けん引免許の取得に対する支援」および「物流DXの推進」として「自動運転トラックを対象とした実証実験の推進」などの施策を発表した。それら施策で重要な役割を果たし得るのは、トン単位で約90％、トンキロ単位で約50％を担うトラック輸送の効率化であることは間違いない。諸外国で長距離トラック輸送を担っているのは総重量40トン超のセミトレーラーであるが、わが国では総重量20トン超の単車（いわゆる大型トラック）であり、労働生産性の差は歴然としている。

　本書は「トラック輸送のイノベーション」に着目し、関連する先端技術やその適用可能性などについて紹介することを目的とする。内容は3部構成で、「第1部　物流危機を救う長大トラックをめぐる動向」では、2016年からの社会実験を契機に普及しつつある全長23m超のダブル連結トラックに着目し、その効果について、事業者の立場から見た必要性や、道路インフラ整備の必要性などについて議論を展開する。なお、「長大トラック」の定義については後述する「本書に関わる重要事項と定義」を参照いただきたい。

　道路インフラのなかでもダブル連結トラック利用の大きな制約条件となっているのが高速道路のサービスエリア（SA）・パーキングエリア（PA）における平日深夜の大型車の混雑問題である。そこで「第2部　高速道路SA・PAの混雑緩和の実現方策」では、高速道路会社による対策を紹介するとともに、最新のETC/FF（Free Flow）データや、ドローン撮影画像データ、交通マイクロ

シミュレーションを駆使した混雑緩和に資する施策を紹介する。

　「第3部　海外事例とわが国への導入」では、ドイツをはじめとする関連海外事例の紹介や、物流MaaS（Mobility as a Service）が果たし得る役割、そして視野に入りつつある高速道路における「レベル4」の自動運転を念頭に置いたインフラ整備についても考察している。とりわけ長大トラック車両の効率的な運用や自動運転運行を想定した場合、拠点整備のあり方が大きな課題になることがわかってきたため、その問題についても道路施策として提言を行っている。つまり、「トラック輸送のイノベーション」には、トラック単体技術のみならず、それを効率的に利用する企業のサプライチェーン構築や、公共事業としての道路インフラ整備などが含まれる。

　編著者両名は、国土交通省・社会資本整備審議会・道路分科会・基本政策部会・物流小委員会および2021年6月に閣議決定された総合物流施策大綱（2021年度～2025年度）の検討会のメンバーであり、それら会合で行政を含む多くの物流関係者が創意と工夫をこらして施策・対策を講じていることを知ることができた。「トラック輸送のイノベーション」も重要な施策・対策のひとつであるが、物流関係者の努力が実り、「物流クライシス」を乗り切ることを切に願っている。

　本書の主な内容は、2020～2022年度の国土交通省・新道路技術会議プロジェクト「ダブル連結トラックおよび貨物車隊列走行を考慮した道路インフラに関する技術研究開発（代表：兵藤 哲朗）」の成果に基づいている。しかし紙面の都合上、プロジェクトで得られた多くの重要な資料の紹介を割愛せざるを得なかった。幸い、同プロジェクトの関連報告書のPDFファイルはネット上で公開されているので、適宜、そちらを参照いただければ幸いである。

　最後に、本書に含まれる研究の一部は公益社団法人日本交通政策研究会の研究プロジェクトの成果であり、同研究会双書の一冊として出版の許諾を頂戴している。ご支援いただいた同研究会には感謝を申し上げたい。

　2024年3月

編著者　兵藤 哲朗・根本 敏則

目　　次

は じ め に

本書に関わる重要事項と定義（凡例）

第1部　物流危機を救う長大トラックをめぐる動向 ————— *1*

第1章　長大トラックの意義と道路インフラの問題点 ……… *2*
1.1　長大トラックによる労働生産性の向上 ……… *2*
1.2　ダブル連結トラックの導入経緯 ……… *6*
1.3　長大トラック活用に関わる問題点　道路インフラを中心に ……… *8*

第2章　車両の大型化を支える通行制度 ……… *11*
2.1　大型貨物車の保有・輸送状況 ……… *11*
2.2　大型貨物車の通行制度 ……… *16*
2.3　今後の大型貨物車の通行制度への期待 ……… *24*

第3章　ダブル連結トラック利用区間の延伸とその効果 ……… *26*
3.1　全国道路・街路交通情勢調査における大型貨物車の実態分析 ……… *26*
3.2　ダブル連結トラックの走行需要が高い区間の抽出 ……… *31*
3.3　走行可能区間を拡大した場合の整備効果に関する分析 ……… *34*

第4章　事業者からみたダブル連結トラック活用の課題と対策 …… *40*
4.1　貨物車の大型化の概要 ……… *40*
4.2　特積運送におけるダブル連結トラックの導入 ……… *41*
4.3　自動車部品輸送におけるダブル連結トラックの導入 ……… *46*
4.4　ダブル連結トラックの活用の課題と対策 ……… *51*
4.5　ダブル連結トラックのさらなる活用に向けて ……… *54*

第 5 章　ダブル連結トラックの導入と運用················ *56*

5.1　ダブル連結トラックの導入と運用における課題 ········ *56*

5.2　ダブル連結トラックの経済性評価 ·············· *57*

5.3　ダブル連結トラックを用いた共同輸送の運行形態 ········ *63*

5.4　ダブル連結トラックを用いた共同輸送のための物流拠点の立地 ····· *68*

5.5　ダブル連結トラックの重要性 ················ *73*

第 2 部　高速道路 SA・PA の混雑緩和の実現方策 ───── *75*

第 6 章　NEXCO による SA・PA の利便性向上策········ *76*

6.1　SA・PA における駐車場の混雑問題 ·············· *76*

6.2　SA・PA における駐車場設計の基本的な考え方 ········ *84*

6.3　SA・PA に関わるこれまでの取組み ·············· *85*

6.4　SA・PA の新たな取組み ·················· *94*

第 7 章　ETC/FF データからみた SA・PA の現状と課題 ······· *99*

7.1　高速道路 SA・PA の問題点 ················· *99*

7.2　ETC/FF データによる実態把握 ··············· *99*

7.3　SA・PA 混雑緩和の方策について ·············· *104*

7.4　SA・PA 選択モデルによる混雑緩和施策の考察 ········ *108*

7.5　SA・PA のさらなる活用と展開に向けて·············· *111*

第 8 章　SA・PA における大型車の混雑状況の把握········· *112*

8.1　SA・PA における駐車状況の把握 ·············· *112*

8.2　ドローン撮影による SA・PA における大型車の駐車状況の調査 ··· *115*

8.3　駐車状況の把握と課題 ··················· *124*

第 9 章　マイクロシミュレーションによる SA・PA レイアウト評価··· *127*

9.1　足柄 SA の利用特性に関する分析 ·············· *127*

9.2　Vissim によるマイクロシミュレーションの条件設定 ······· *130*

9.3　マイクロシミュレーションの分析結果と考察 ········· *133*

9.4　マイクロシミュレーションの有効性について ············ *140*

第3部　海外事例とわが国への導入 ——————— *141*

第10章　海外における長大化と電動化 ············· *142*
10.1　海外のトラック運送 ························· *142*
10.2　トラックの長大化の現状 ······················ *143*
10.3　トラックの電動化 ························· *147*

第11章　ドイツにおける縦列駐車場の展開 ············· *151*
11.1　ドイツにおける高速道路の休憩施設と駐車マスの不足 *151*
11.2　ドイツにおける縦列駐車場の概要 ··············· *152*
11.3　日本への導入に向けて ······················ *158*

第12章　わが国のコンパクト駐車場の導入可能性分析 ··········· *160*
12.1　出発時刻管理を考慮した駐車シミュレーションの開発 ··········· *160*
12.2　シミュレーション分析の結果 ················ *164*
12.3　コンパクト駐車場の実際の設計と運用に関する考察 ····· *168*
12.4　高速道路 SA・PA での駐車容量拡大に向けた課題 ········· *169*

第13章　自動運転トラックの開発と運用 ············· *171*
13.1　トラックの自動化 ························· *171*
13.2　高速道路における自動運転トラックに対応した物流拠点の整備
··········· *178*
13.3　自動運転トラックの普及に向けて ··············· *186*

第14章　長大トラックの活用に向けた物流 MaaS の実現 ····· *188*
14.1　物流 MaaS の概念と課題 ···················· *189*
14.2　欧州におけるトラックデータの標準化 ··············· *193*
14.3　日本における物流 MaaS の実現に向けた課題 ············· *196*
14.4　これからの物流 MaaS の実現への期待 ··············· *199*

索　　引 ···································· *201*
執筆者一覧 ································· *204*

本書に関わる重要事項と定義（凡例）

1　車両の一般的制限値（道路法第47条1項、車両制限令第3条）

車両の諸元		一般的制限値（最高限度）
幅		2.5m
長さ		12.0m
高さ		3.8m
重さ	総重量	20.0トン
	軸重	10.0トン
	隣接軸重	18.0トン：隣接軸距が1.8m未満 19.0トン：隣接軸距が1.3m以上かつ隣接車軸軸重がいずれも9.5トン以下 20.0トン：隣接軸距が1.8m以上
	輪荷重	5.0トン
最小回転半径		12.0m

2　特殊車両通行許可制度（特車申請）

　一般的制限値を超える車両で道路を走行するときは、車両の諸元・積載物の内容・通行経路・通行の日時等を所定の書類に記入し、道路管理者に申請を行い、許可証の交付を受けることで許可された経路を走行することができる。なお、2022年4月から手続きを電子化した新たな「特殊車両通行確認制度」も開始した。

	特殊車両通行許可制度	特殊車両通行確認制度
審査期間	申請から許可までに約1か月 （2019年度実績）	オンラインシステムで即時に確認
対象道路	すべての道路 （道路法適用の道路）	電子データ化された道路 （道路情報便覧の収録道路）
経路設定	申請者が1経路［片方向］ごとに細かく指定 出発地　　　　　　　　　目的地	システムが自動的に複数経路［双方向］を検索 出発地　　　　　　　　　目的地 ※道路事情に応じて柔軟な経路選択を可能に
車両情報	申請の都度、車両諸元を入力	車両登録で車両諸元を登録（初回のみ）
対象車両	すべての車両	登録基準内の重量・寸法の車両
手数料	1経路につき200円 （道路管理者が複数にまたがる場合）	①車両登録の手数料※トレーラーは手数料不要 　1台当たり5,000円（5年間有効） ②経路確認の手数料 　・2地点双方向2経路検索の場合 　　確認1件につき600円 　・都道府県検索の場合 　　確認1件につき400円（都道府県当たり） 　・追加経路検索の場合 　　確認1件につき100円（10kmごと）
通行経路の許可・有効期間	2年以内（超寸法・超重量は1年以内） ※優良事業者は最長4年以内	1年間

3 「長大化」「大型化」の定義

車幅 2.5 メートルの制約下では「大型化」は「長大化」と同意義となる。

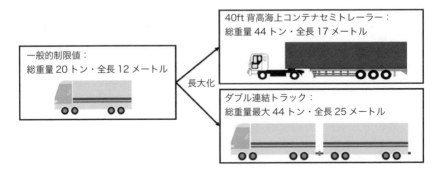

一般的制限値：
総重量 20 トン・全長 12 メートル

長大化

40ft 背高海上コンテナセミトレーラー：
総重量 44 トン・全長 17 メートル

ダブル連結トラック：
総重量最大 44 トン・全長 25 メートル

　長大トラックの定義は、経済協力開発機構（OECD）傘下の国際交通フォーラム（ITF）による「High Capacity Vehicle」に準じ、「一般的な道路網で許可されている車両より総重量あるいは全長（またはその両方）を超過している車両で、通常は通行可能区間の指定や車両とその運行の両方に特別な要件が適用されることで通行が許可される車両」とする。なお、日本においてはトラックの長大化は、図に示すように単車から海上コンテナを積載するセミトレーラー、あるいはダブル連結トラックへの移行などが重要となる。

4 改善基準告示の改正

	2024 年 4 月から	2024 年 3 月まで
1 年の拘束時間	原則 3,300 時間／最大 3,400 時間	3,516 時間
1 か月の拘束時間	原則 284 時間／最大 310 時間	原則 293 時間 最大 320 時間
1 日の拘束時間	13 時間以内（上限 15 時間）	13 時間以内 （上限 16 時間）
1 日の休息時間	継続 11 時間を基本とし継続 9 時間	継続 8 時間
運転時間	2 日平均 1 日 9 時間以内	規制なし
連続運転時間	4 時間以内。運転中断時に 30 分以上の休憩。SA・PA 混雑などでやむを得ない場合は 4.5 時間	4 時間以内 運転中断時に 30 分以上の休憩
時間外労働時間	年間 960 時間（労働基準法）	規制なし

第1部

物流危機を救う長大トラックをめぐる動向

第1章　長大トラックの意義と道路インフラの問題点

　持続可能な物流の実現に向けて、重要となるのが労働生産性の向上である。長大トラック、たとえば「ダブル連結トラック」は1台で2台分の貨物を輸送できるため、長距離輸送部分を担うことができれば、労働生産性を高めることが期待できる。ただ、長大であるがゆえに、どこでも走行できるわけではない。ダブル連結トラックが走行できる区間は高速道路を中心に5,000km程度である（2023年8月現在）。労働時間規制が強化される2024年4月以降には、トラックドライバー不足に拍車がかかると心配されており、長大トラックをより利活用できるようにする環境整備が求められている。

1.1　長大トラックによる労働生産性の向上

（1）ドライバー不足に拍車をかける「2024年問題」

　かねてより、ドライバーの労働時間は全産業平均より2割長く、年間所得は1割低かった。そのため、若手の新規就業者は減っており、高齢ドライバーの退職とともに、ドライバー数は年々減少してきていた。2019年に87万人だったドライバー数は、2021年には84万人になっている。

　このドライバー不足に拍車をかけると心配されているのが、2024年4月より年間の時間外労働時間の上限として960時間を適用する規制を、トラック業界にも導入することである。全日本トラック協会の2022年1月の調査では、長距離輸送を行っているトラック業者で、時間外労働時間が960時間を超えるドライバーが存在する事業者が48%を占めることがわかった。

　厚生労働省が公表した「自動車運転者の労働時間等の改善のための基準（改善基準告示）」では、時間外労働時間以外にも年間の拘束時間（労働時間と休憩時間の合計）、勤務終了後の休息時間などについても、現行より厳しい規制が適用されることになっており、長距離トラック輸送では現行の輸送体制を維持できないといわれている。2023年の「持続可能な物流の実現に向けた検討会　最終取りまとめ」[1]では、「2024年度に輸送能力の14%（輸送トン数換算で4億トン相当）が不足する」との推計が示された。

　トラック事業者は1人のドライバーの働く時間が制限されるので、現在の運送依頼をこなすため、さらにドライバーを確保することが求められる。ドライ

バーは労働時間が減るので、ベースアップがなければ年間所得は低下すること
になり、他産業へ転職してしまう懸念すらある。問題の解決には、ドライバー
の労働生産性の向上が必要である。

(2) 2つの労働生産性指標　付加価値労働生産性と物的労働生産性

　物流の労働生産性の向上が欠かせないわけだが、労働生産性の定義にあって
は、物的労働生産性と付加価値労働生産性を区別する必要がある。物的労働生
産性は輸送量（輸送トンキロ）を、付加価値労働生産性は物流サービスが生み
出した付加価値（売上から燃料費などの費用を差し引いた額）を、それぞれ延
べ労働時間（人・時間）で割った値である。

　なお、一般的には労働生産性として付加価値労働生産性が用いられることが
多い。国土交通省「総合物流施策大綱（2021 年度〜 2025 年度）」で、2025 年
度までに 20％向上を目指しているのは付加価値労働生産性である。しかし、
現在まで改善の兆しは見られない（図1-1）。2023 年の労働生産性は 2,540 円 /
時であり、2021 年と同程度にとどまっている。過去、物的労働生産性の向上
があっても、付加価値労働生産性の向上にはつながらなかったのである。

　実は、日本では長期間デフレが続くなかで、荷主はあらゆるコストの削減を
図ってきており、物流コスト（支払い運賃など）も例外ではなかった。そし
て、1990 年の規制緩和以降、トラック事業者数が急増し供給過剰となったた
め、物流事業者の交渉力は弱くなり、結果的に運賃・賃金は長期間低迷するこ
ととなった。図 1-2 に示すように、1995 年から 2015 年にかけて荷主企業は売
上に対する物流コストの比率を下げてきているが、それと同時に道路貨物輸送
業の年間賃金水準（人件費の多くはドライバー賃金）が下がってきたことがわ
かる。

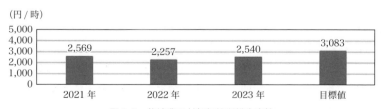

図 1-1　物流業の付加価値労働生産性

（出典：国土交通省「第 2 回総合物流施策大綱フォローアップ会合」配布資料[2]）

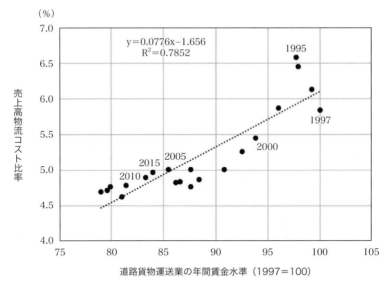

図 1-2　正の相関がある物流コストとドライバー賃金

（出典：日本ロジスティクスシステム協会から「検討会」への提出資料）

　ただ、直近において状況は変わってきた。長距離ドライバー不足が深刻化し、仕事があっても廃業するトラック事業者が出現しはじめた。輸入原材料の価格高騰を契機に、多くの生産財、消費財の価格も上がり、運賃に関しても高まる兆しを見せている。2024 年からは労働時間が削減されるため、さらに需給はタイトとなり、運賃を上げられる市場環境になると思われる。

　しかし、荷主に対して一方的に運賃値上げを要求するだけでは、問題の解決は難しいと思われる。価格転嫁に苦労している中小荷主企業も少なくない。今後、荷主の協力を得て物流の生産性向上を図っていく必要があるわけで、目指すべきは物的労働生産性を向上させ、その果実を 2024 年度からの「ドライバー労働時間減」、他産業並みの「ドライバー所得増」、さらに「運賃値上げの抑制」に充当することではないだろうか。荷主は「運賃値上げの抑制」ではなく、「運賃値下げ」を期待するかもしれないが、「ドライバー所得を他産業並みにするなどを考慮すれば運賃は 2 ～ 3 割高くなって当然」（大島（2023）[3]）との指摘もあるなかで、その値上げ幅を抑制できるのは荷主にとって大きなメリットではないだろうか。

　図 1-3 に物的労働生産性向上によって運賃収入とドライバー所得を増加させ

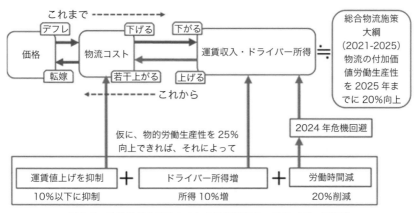

図 1-3　物的労働生産性向上による運賃収入・ドライバー所得増

るメカニズムを示している。仮に、1台のトラックに、これまでより 25％多く
の貨物を積載して、物的労働生産性を 25％向上できれば、簡単な計算からド
ライバーの年間労働時間を 20％減らしても、同じ貨物量（トンキロ）を輸送
できる。これによって労働時間は他産業並みとなり、2024 年に不足するとい
われている輸送能力（14％）を補充しなくとも輸送が可能となる。また、従前
の運賃が収受できるとすれば、労働時間当たりの賃金も 25％増えるが、労働
時間が減っているので所得は増加しない（新賃金＝旧賃金×(1＋0.25)×(1－
0.2)＝旧賃金）。他産業並みの所得にするためには運賃の 10％弱の値上げが必
要となるのではないだろうか（ちなみに、運賃を 5％値上げし、値上げ分をす
べてドライバー賃金に充当できれば、10％程度の賃上げが可能）。

（3）長大トラックによる物的労働生産性の向上

　「持続可能な物流の実現に向けた検討会」の「最終取りまとめ」には、物流
の労働生産性を高める具体的施策が網羅されている（図 1-4）。荷主と物流事
業者に期待する取組みに大別されるが、両者が連携して実施すべき取組み（図
でオーバーラップしている取組み）も多い。荷主・物流事業者には、これら取
組みに関し中長期計画の策定、およびその後の進捗状況の報告を義務付けるこ
ととした。なお、具体的施策のなかに「車両の大型化」、すなわち長大トラッ
クの活用が含まれている。
　このような物流に負荷のかからない仕組に転換するためには、荷主企業に

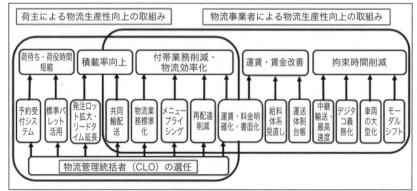

図1-4　物流生産性向上のための物流施策
（出典：経済産業省（2023）[1]をもとに筆者作成）

役員クラスの物流統括責任者（CLO：Chief Logistics Officer）を選任してもらい、責任をもって物流の構造改革を進めてもらう必要がある。「最終取りまとめ」では、物流部門と営業・製造・調達部門が協力し物流生産性向上の中長期計画を策定し、その取組み状況を規制当局へ報告させる規制の導入も提言している。

1.2　ダブル連結トラックの導入経緯

　2016年9月に「ダブル連結トラック実験協議会」が設立され、それまでの特車通行許可基準（車両長）を全長21mの規制から25mに緩和することを前提に、新東名高速道路を主に走行する実験が始まった。この時点では公道を走行する25m車両はわが国に存在しなかったが、全長21mのダブル連結トラックは日本梱包運輸倉庫株式会社がすでに100台以上導入・稼働していた。2016年度の実験走行は、それら21mダブル連結トラックの新東名高速道路走行区間を実験に組み込むことから始まったのである。

　全長25mの新車両は予想より早く、2017年の秋には登場している。ヤマト運輸株式会社と福山通運株式会社が稼働を開始し、協議会では、トラクター（前部）とトレーラー（後部）に取り付けたGPSや加速度センサーや、運転手の心拍計から、ダブル連結トラックの挙動や運転手のストレス計測なども試みられた（相馬・兵藤（2020）[4]に詳しい）。分析結果からは、ダブル連結トラックの走行安全性が確認されたが、高速道路より一般道で比較的ドライバーがス

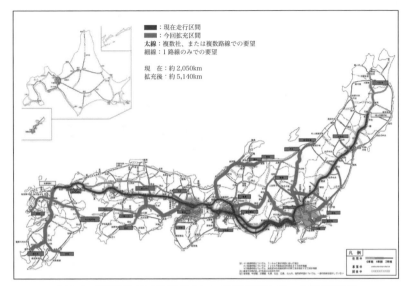

図 1-5　2022 年 11 月に拡充されたダブル連結トラックの通行区間
(巻頭口絵 2 参照)

トレスを感じやすいこともわかった。

　その後、多くのダブル連結トラックが導入されつつあり、2023 年 10 月時点で約 200 台の車両が存在している。また、2019 年 3 月末から、ヤマト運輸・日本通運株式会社・西濃運輸株式会社・日本郵便株式会社にて、各社の保有するダブル連結トラックを活用した共同輸送も始まった。これは厚木と茨木のヤマト運輸のゲートウェイ（大型物流基地）で、ヤマト運輸のトレーラーを他社のトラクターに連結・走行するという方式である。現在は大手会社間の共同輸送だが、今後、中堅会社も参入することで、時間的にも空間的にもバラエティに富んだ共同輸送が実現することが期待されている。まさに 2024 年問題への解決策のひとつといえよう。

　2019 年 8 月に、国土交通省はダブル連結トラックの高速道路の走行区間を、それまでの神奈川県－大阪府から、東北自動車道・北上江釣子インターチェンジ（IC）－九州自動車道・太宰府 IC までに一挙に拡大し、ヤマト運輸も厚木から福岡への運行を開始した。さらに 2022 年 11 月に一気に運行区間は5,140km に拡充され、北海道・沖縄を除く全国の道路ネットワークがカバーされた（図 1-5、口絵 2）。

　23m 超のダブル連結トラックの車両については、2017 年秋の登場時は、最後部の観音扉からロールボックスなどの貨物を出し入れする標準的なトラック形式であったが（図 1-6）、2019 年には NEXT Logistics Japan 株式会社が、側壁が大きく開閉するウィング式の車両を導入した（図 1-7）。この形式であれば、パレットに積んだ貨物をフォークリフトで短時間で積み込み・荷おろしすることができる。現時点ではリーファー（冷蔵・冷凍）に対応した車両も運用されており、ニーズに合わせた車両の多様化が進行中である。

図 1-6　ヤマト運輸の全長 25m のダブル連結トラック（最後部開閉式）
（出典：国土交通省）

図 1-7　NEXT Logistics Japan の全長 25m のダブル連結トラック（ウィング式）
（出典：筆者撮影、2022 年 12 月）

1.3　長大トラック活用に関わる問題点　道路インフラを中心に

　全長 25m のダブル連結トラックはもちろん特車申請を必要とする。その申請への迅速な対応は道路行政上の大きな課題であるが、近年はデジタル化の進展もあって大きく改善されつつある。道路構造からダブル連結トラックを吟味する場合、その走行特性に着目する必要がある。

　2017 年秋に登場した車両はトラクターの車軸が水平方向に回転するなどの工夫がこらされており、全長約 17m の 40 フィート（ft）海上コンテナセミトレーラーより Swept Path（走行旋回軌跡図）の面積が小さく（図 1-8）、高速道路以外の一般道でも走行可能な道路区間は長い。40ft の海上コンテナを運ぶセミトレーラーより走行制約条件は緩いのである。むしろ、トラックに貨物を積み込み・荷おろしする場所が確保できずにダブル連結トラックの導入を見送る会

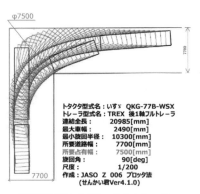

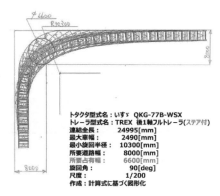

トラクタ型式名：いすゞ QKG-77B-WSX
トレーラ型式名：TREX 後1軸フルトレーラ
連結全長： 20985[mm]
最大車幅： 2490[mm]
最小旋回半径： 10300[mm]
所要道路幅： 7700[mm]
所要占有幅： 7500[mm]
旋回角： 90[deg]
尺度： 1/200
作成：JASO Z 006 プロッタ法
（せんかい君Ver4.1.0）

トラクタ型式名：いすゞ QKG-77B-WSX
トレーラ型式名：TREX 後1軸フルトレーラ(ステア付)
連結全長： 24995[mm]
最大車幅： 2490[mm]
最小旋回半径： 10300[mm]
所要道路幅： 8000[mm]
所要占有幅： 6600[mm]
旋回角： 90[deg]
尺度： 1/200
作成：計算式に基づく図形化

①現状運行中の21mフルトレーラー　②ステアリング機構付き25mフルトレーラー

図1-8　ダブル連結トラックとフルトレーラーの旋回軌跡の比較

90度旋回時の所要専有幅は、21mフルトレーラーで7.5mを必要とするが、25mフルトレーラーでは、トレーラー後軸にステアリング装置（逆相タイプ）を装着することによって、6.6mとなり、小回り性が向上する。

社もあり、道路空間よりは、運輸事業者の民地に制約が見受けられるケースがある。

　高速道路においては図1-4で確認できるとおり、ダブル連結トラックは全国的なネットワークで運用可能になっている。無論、北海道などの降雪地帯における利用可能性は議論の余地があるが、走行試験の積み重ねや技術開発による運用区間の拡大を望みたい。

　また、需要量が大きい大都市圏内で走行不可能なボトルネックも数多く見受けられる。特に暫定2車線区間の走行が認められていないので、首都圏の環状道路を有効利用できないことには早急に対応する必要がある。

　走行区間以外の道路インフラの問題点は、休憩施設の確保である。長距離を走行するトラックは、改善基準告示により、連続4時間の走行後、30分以上の休憩が義務付けられている。高速道路を連続走行する場合は、この休憩はSAやPAで確保することになるが、特に平日深夜のSA・PAの大型マスは大混雑しており、駐車場所の確保が困難なことが多い。この問題については本書の第6章や第7章で実態を把握するとともに、対応施策について詳述している。

　さらにはレベル4の自動運転トラックの高速道路走行が視野に入りつつある現在、自動運転と通常運転の切替拠点として、高速道路直結の施設整備も議論されつつある（図1-9）。2023年には、高速道路のSA・PAの機能高度化施設

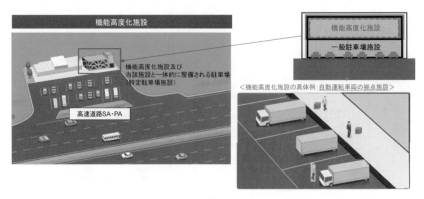

図 1-9　SA・PA の機能高度化のイメージ

（出典：2023 年 7 月 20 日社会資本整備審議会道路分科会基本政策部会物流小委員会資料）

整備について、独立行政法人日本高速道路保有・債務返済機構が国からの補助金を財源として駐車場の主体整備となる高速道路会社へ無利子貸付を行うことができる制度も創設され、今後の拠点整備を展開する素地は整えられている。現時点では、この機能高度化施設は自動運転の切替拠点として認識されているが、ダブル連結トラックのトラクター（前部）とトレーラー（後部）の連結・解除の切替拠点としても利活用の可能性がある。

　今は連結・解除作業は民地である運輸事業者の施設内に限られているが、高速道路上の機能高度化施設を利用できれば、自社だけで完結することなく、同業他社間の車両共同化も視野に入り、物流効率化にも大いに貢献することができるだろう。

【参考文献】

1) 経済産業省，「持続可能な物流の実現に向けた検討会　最終取りまとめ」持続可能な物流の実現に向けた検討会資料，2023.
https://www.meti.go.jp/shingikai/mono_info_service/sustainable_logistics/pdf/20230831_1.pdf（2023.12.20 確認）

2) 国土交通省「第 2 回総合物流施策大綱（2021 年度〜 2025 年度）フォローアップ会合」配布資料，2023.

3) 大島弘明「運送事業者は恐れずに声を上げろ」月刊ロジスティクス・ビジネス，2023，5 月号，pp.4.

4) 相馬大，兵藤哲朗「ダブル連結トラックの運行特性とドライバーのストレスに関する研究」交通工学論文集，2020，6 (2)，pp.A_23-A_30.

第2章　車両の大型化を支える通行制度

　車両の大型化は、トラック輸送の効率化に有効な取組みのひとつである。また、今後、中継輸送（第7章で詳説）やインターモーダル輸送（複合一貫輸送）を促進するにあたっては、セミトレーラー連結車や海上コンテナ車の活用が考えられ、その意味でも車両の大型化への期待は大きい。

　しかしながら、日本では長大トラックの保有・利用が諸外国に比べて少なく、特に連結車の割合が低水準にとどまっている。その要因のひとつとして道路インフラの制約が考えられる。

　各国は、交通の安全性や道路構造の保全等の観点から道路を通行できる車両の寸法や重量などの制限値を定めているが、日本の道路の制限値は諸外国に比べて低く、大型車両の走行が制限されている。また、制限値を超える車両でも一定の範囲であれば、特殊車両に関する手続きを経ることで通行できるものの、手続きの煩雑さや通行許可取得に要する日数の長さや費用など、申請者の負担の大きさが指摘されている。

　そこで、本章では、日本および諸外国における大型貨物車の保有・走行実態を概観したうえで、大型貨物車の通行制度の国際比較を行い、今後の日本の通行制度に向けた示唆を導出する。

2.1　大型貨物車の保有・輸送状況

（1）大型貨物車の保有状況

　貨物車保有台数の統計は国により車両の区分が異なるため国際比較は難しいが、車両総重量別または車両形態別の統計を用いて、日本と欧米諸国における大型貨物車の保有状況を概観する。

　日本の車両総重量別の貨物車の保有状況をみたものが表2-1である。車両総重量が3.5トン未満の車両が約6割を占める一方で、車両総重量が11トン以上の大型トラックは1割強にとどまることがわかる。表2-1には軽自動車の貨物車が含まれていないことを考えると、日本における貨物車のサイズの小ささがわかる。また、トレーラー（被けん引自動車）は2.5％に過ぎず、単車の多さも顕著である。

　一方、諸外国の貨物車の保有状況を見ると、貨物車全体に占める連結車の割

表 2-1　日本の自動車保有車両数（2021 年度）

車両の種類		車両数（両）	構成比
普通自動車	車両総重量 3.5 トン未満（または最大積載量 2 トン未満）	4,492,884	57.9%
準中型自動車	車両総重量 3.5 トン以上 7.5 トン未満（または最大積載量 2 トン以上 4.5 トン未満）	1,117,829	14.4%
中型自動車	車両総重量 7.5 トン以上 11 トン未満（または最大積載量 4.5 トン以上 6.5 トン未満）	999,148	12.9%
大型自動車	車両総重量 11 トン以上（または最大積載量 6.5 トン以上）	962,111	12.4%
トレーラー	被けん引自動車*	190,292	2.5%
合　　計		7,762,264	100.0%

単位：両（道路交通法による分類、2022 年 3 月末現在）
＊　道路運送車両法における「被けん引自動車」とは、自動車により牽引されることを目的とし、その目的に適合した構造および装置を有する自動車である。
（出典：全日本トラック協会「日本のトラック輸送産業　現状と課題 2023」[1]）

表 2-2　米国の車両形態別の貨物車保有台数（2019 年）

車両の種類	車両数（両）	構成比
バ　　ン	15,075,377	53.5%
単車トラック	10,160,433	36.1%
連結トラック	2,925,210	10.4%
合　　計	28,161,020	100.0%

（出典：（バン）Highways Statistics 2019、（単車トラック、連結トラック）Freight Facts and Figures-BTS Data Inventory[2]）

表 2-3　ドイツの車両総重量別・形態別の貨物車保有台数（2023 年）

車両の種類	車両数（両）	構成比
車両総重量 3.5 トン以下	3,110,652	85.4%
車両総重量 3.5 ～ 7.5 トン	224,782	6.2%
車両総重量 7.5 ～ 20 トン	150,917	4.1%
車両総重量 20 トン超	154,176	4.2%
トラクター	227,938	6.3%
合　　計	3,640,527	100.0%

（出典：Fahrzeugzulassungen（FZ）(2023)[3]）

表 2-4　イギリスの車両総重量別の貨物車保有台数（2021 年）

車両の種類	車両数（両）	構成比
小型貨物車（LGV）	2,092,700	79.8%
車両総重量 3.5 トン超 7 トン以下	76,632	2.9%
車両総重量 7 トン超 8 トン以下	93,170	3.6%
車両総重量 8 トン超 18 トン以下	105,070	4.0%
車両総重量 18 トン超 31 トン以下	63,028	2.4%
車両総重量 31 トン超 41 トン以下	60,405	2.3%
車両総重量 41 トン超	131,087	5.0%
合　　計	2,622,092	100.0%

（出典：Vehicle licensing statistics data tables（VEH0105、VEH0506）[4]）

合が、米国では 10.5 ％、ドイツでは 6.3 ％を占めている（表 2-2、表 2-3、表 2-4）。また、イギリスでは、連結車と考えられる車両総重量 41 トン超の車両が 5 ％を占めている。単純な比較でいえば、米国は日本の 4 倍、ドイツとイギリスは日本の 2 倍であり、これらの国と比べて日本の連結車の割合の低さが際立っている。

（2）大型貨物車の輸送状況

　次に、日本と欧米諸国における大型貨物車の輸送状況を概観する。

　日本の最大積載重量別の輸送量（トンキロ）をみたものが図 2-1 である。図 2-1 からは、最大積載重量 11 ～ 16 トン（車両総重量 20 ～ 25 トンに相当）の車両の割合が 61 ％を占める一方で、最大積載重量 16 トン以上の車両（セミトレーラー連結車が多くを占める）は 18 ％にとどまることがわかる。

　一方、欧州（EU 域内）における貨物車の輸送状況をみると、最大積載重量 15.6 トン以上の車両による輸送が貨物車全体の約 8 割を占めており、最大積載重量 20.6 トン以上に限っても 7 割以上を占めている（図 2-2）。

　このほか米国では、車両重量別の輸送トンキロの統計がなく、定量的な比較はできないものの、現地の道路や駐車場における貨物車の状況をみると、セミトレーラー連結車が多く利用されている。図 2-3、図 2-4 は 2022 年 9 月に撮影

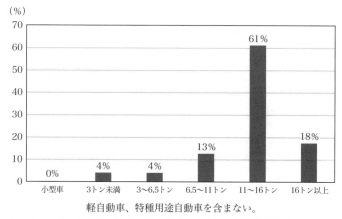

軽自動車、特種用途自動車を含まない。

図 2-1　日本の営業用貨物車の最大積載重量別トンキロ構成比（2021 年）

（出典：国土交通省「自動車輸送統計調査　業態別・車種別・品目別輸送トンキロ」[5]をもとに筆者作成）

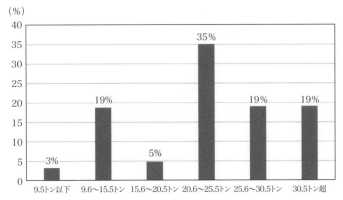

図 2-2　EU の最大積載重量別の輸送トンキロ構成比（2021 年）

（出典：「Road freight transport by vehicle characteristics 2021」（Eurostat）[6] をもとに作成）

図 2-3　Ontario East Travel Center（カリフォルニア州）

したカリフォルニア州ロサン
ゼルス近郊のトラック専用駐
車場（Ontario East Travel
Center、駐車場 1,150 台）と
州際道路 I-5 の様子で、ト
レーラーサイズ 53 フィート
(ft) のセミトレーラー（連
結時の全長 19.8 〜 21.3m)
が多く見受けられる。

図 2-4　州際道路（I-5)

　なお、米国は州ごとに大型
貨物車の制限値が異なるが、日本と米国（カリフォルニア州）の大型貨物車両
の容積、最大積載量を比較したものが表 2-5 である。表 2-5 からは、米国の
53ft のセミトレーラーは、容積では日本のダブル連結トラック（21m）に相当
し、最大積載量では日本のセミトレーラー連結車（バン）に相当することがわ
かる。

表 2-5　大型貨物車両の容積、最大積載量（日本とカリフォルニア州）

	車両タイプ	車両全長	容　積	最大積載量	車両総重量
日本	新規格車 （単車）	12m	58.6m³	12 〜 14 トン	25 トン以下
	40ft コンテナ （セミトレーラー）	16.5m	68m³ (32,401ft³)	26.68 トン	36 トン以下
	40ft 背高コンテナ （セミトレーラー）	16.5m	75m³ (2,649ft³)	26.58 トン	44 トン以下
	セミトレーラー連結車 （バン）	16.5m	71.8m³	21.9 トン	36 トン以下
	ダブル連結トラック （21m）	21m	103.8m³ (57.7m³＋46.1m³)	24.0 トン	
	ダブル連結トラック （25m）	25m	126.1m³ (61.0m³＋65.1m³)	24.6 トン	
カリフォルニア州	53ft セミトレーラー （ドライバン）	19.8 〜 21.3m (65 〜 70ft)	98.8m³ (3,489ft³)	20 〜 20.4 トン (44,000 〜 45,000 ポンド)	36.3 トン (80,000 ポンド) 以下
	53ft 背高コンテナ （セミトレーラー）	19.8 〜 21.3m (65 〜 70ft)	108.45m³ (3,830ft³)	19.3 トン (42,500 ポンド)	

（出典：国土技術政策総合研究所資料 No.478「コンテナサイズに視点をおいた国際海上コン
テナ輸送に関する基礎的分析」、福山通運株式会社ニュースリリース（平成 29 年 10 月 16 日）
「日本初、25 m「ダブル連結トラック」バン型フルトレーラーの運行について」、
QUARTERBACK TRANSPORTATION INC　HP（https://qbtransportation.com/equipment/
intermodal-containers/）をもとに筆者作成）

2.2　大型貨物車の通行制度

（1）日本における大型貨物車の通行制度

① 大型貨物車の通行制度の概要

　道路は、道路構造令に定める一定の構造基準により造られている。そして、道路法では、道路の構造を守り、交通の危険を防ぐため、道路を通行する車両の大きさや重さの最高限度を定めており、これを一般的制限値という。また、一般的制限値の寸法や重量を超える車両の通行には、あらかじめ道路管理者の通行許可または通行確認が必要となり、これを特殊車両通行許可（確認）制度という。

② 一般的制限値の考え方

　道路法第47条1項は、道路における車両の通行について規定している。1961年（昭和36年）に同法に基づいて車両制限令が制定され、一般的制限値が設定された。一般的制限値では、以下に示す理由から、当時の道路整備における道路構造の一般的水準を基礎として、安全かつ円滑な交通を確保するために必要な車両構造の限界が定められている。

　1）すべての道路がいかなる車両に対しても完全な収容力を保持することは事実上不可能であり、国家経済的見地から適当ではないこと

　2）各道路にはそれぞれその構造規格に応ずる使用方法が予定されており、これを超えて使用することは道路に過大な負担を与え、その構造または交通に支障を及ぼすおそれがあること

車両制限令制定時（昭和36年）の説明

　「車両制限令の趣旨は、道路と車両との間に具体的・合理的な調和の関係を求めようとするところにあります。道路交通はその基礎施設である道路と可動施設である車両とによって形成されます。したがって、すべての道路が、いかなる車両に対しても完全な収容力を保持することは一つの理想ではありますが、高速自動車国道から市町村道に至るまで、この意味における完全な構造規格を確保することは、事実上不可能であるばかりでなく、国家経済的見地から適当とはいえません。道路はその具体的な機能に応じた構造規格を備えることが必要であり、それで足りるものと考えられます。

　このことは同時に、各道路についてそれぞれ、その構造規格に応ずる使用方法が予定されていることを意味し、これをこえて使用することが道路に過大な負担を与え、その構造又は交通に支障を及ぼすおそれのあることは明瞭です。」

　「本条は、このような趣旨のもとに、現下の道路整備における道路構造の一般的水準を基礎として、安全かつ円滑な交通を確保するために必要な車両構造の限界を定め、当該基準に適合しない車両の道路の通行を原則として禁止することとしたものです。」

（出典：道路法令研究会編著（2017）「改訂5版 道路法解説」大成出版社[7]）

③ 通行制度の変遷

日本の一般的制限値は、1961 年の導入以降、大きな変更はされていない。車両の大型化や海上コンテナ車の増加などに合わせて、特定の道路における一般的制限値の緩和や特殊車両通行許可の手続きの簡素化・迅速化などが行われてきた。

日本の大型貨物車の通行制度に関する変遷の概要は次のとおりである。

1）一般的制限値（1961 年）の設定

道路整備における道路構造の一般的水準を基礎として、安全かつ円滑な交通を確保するために必要な車両構造の限界を定めた。

2）特殊車両通行許可制度の導入（1971 年）

車両制限令を改正し、特殊車両通行許可制度を規定した。特殊車両通行許可制度の特徴は次のとおりである。

・一般的制限値を超える車両について、特別の場合には道路管理者が許可をする

・許可の一元化を図るため二以上の道路にかかる申請についても一の道路管理者が許可できるものとし、この場合、許可にあたって手数料を徴収する

3）セミトレーラー連結車の特例（1971 年）

車両制限令を改正し、セミトレーラー連結車について、通行する道路種別ごとに総重量および長さの特例が規定された。

・車両総重量の制限値を引き上げ（高速自動車国道 36 トン、その他の道路 27 トン）

・高速自動車国道でのセミトレーラー連結車全長を 16.5m に引き上げ

表 2-6　日本の一般的制限値

車両の諸元		一般的制限値（最高限度）
幅		2.5m
長　さ		12.0m
高　さ		3.8m
重　さ	総重量	20.0 トン
	軸　重	10.0 トン
	隣接軸重	18.0 トン：隣り合う車軸の軸距が 1.8m 未満 19.0 トン：隣り合う車軸の軸距が 1.3m 以上かつ 　　　　　隣り合う車軸の軸重がいずれも 9.5 トン以下 20.0 トン：隣り合う車軸の軸距が 1.8m 以上
	輪荷重	5.0 トン
最小回転半径		12.0m

4）重さ指定道路（1993年）・高さ指定道路（2004年）

重さ指定道路・高速自動車国道では、車両の長さと最遠軸距によって、最大重量25トンまで通行可とした。同様に、高さ指定道路は、高さ4.1mまで通行可とした。

ただし、走行経路が重さ指定道路だけで完結することは稀であるため、実際の走行にあたっては、特殊車両通行許可が必要になることが多い。

5）大型車誘導区間（2014年）

大型車両の通行を望ましい経路へ誘導することにより、適正な道路利用を促進し、道路の老朽化への対応を進めるため、国際海上コンテナ車をはじめとする大型車両に係る「特殊車両通行許可」について、あらかじめ指定した「大型車誘導区間」のみを通行する場合、国が一元的に審査したうえで許可することとした。

6）ダブル連結トラック（フルトレーラー連結車）の長さの制限緩和（2019年）

特殊車両通行許可基準を改正し、ダブル連結トラック（フルトレーラー連結車）の車両長の制限を従来の21mから25mへ緩和した。

7）重要物流道路における国際海上コンテナ車（40ft背高）の特殊車両通行許可不要区間（2019年）の設定

道路管理者が道路構造等の観点から支障がないと認めて指定した区間に限り、道路を通行する車両の制限値を引き上げることにより、一定の要件を満たす国際海上コンテナ車（40ft背高）の特殊車両通行許可を不要とした。

8）特殊車両通行確認制度の導入（2022年）

あらかじめ国の登録を受けた車両について、通行が可能な経路をオンラインで即時に確認し、通行できる制度が導入された。なお、特殊車両通行許可制度との比較は表2-7に示すとおりである。

(2) 諸外国における大型貨物車の通行制度

① 　一般的制限値の比較

諸外国の一般的制限値を整理して日本と比較したものが表2-8である。表2-8からは、欧米諸国だけでなくアジア諸国においても、セミトレーラー連結車、フルトレーラー連結車ともに車両総重量40トン（海上コンテナ車は44トン）程度を上限としており、特殊車両通行許可を得ずに走行することができることがわかる。

表 2-7 特殊車両通行許可制度と特殊車両通行確認制度の比較

	特殊車両通行許可制度	特殊車両通行確認制度
審査期間	申請から許可までに約 1 か月（2019 年度実績）	オンラインシステムで即時に確認
対象道路	すべての道路（道路法適用の道路）	電子データ化された道路（道路情報便覧の収録道路）
経路設定	申請者が 1 経路［片方向］ごとに細かく指定 出発地 ●━━━━━━▶ 目的地	システムが自動的に複数経路［双方向］を検索 出発地 ●◀━┳━┳━┳━▶● 目的地 ※道路事情に応じて柔軟な経路選択を可能に
車両情報	申請の都度、車両諸元を入力	車両登録で車両諸元を登録（初回のみ）
対象車両	すべての車両	登録基準内の重量・寸法の車両
手数料	1 経路につき 200 円 （道路管理者が複数にまたがる場合）	①車両登録の手数料 　1 台当たり 5,000 円（5 年間有効） 　※トレーラーは手数料不要 ②経路確認の手数料 　・2 地点双方向 2 経路検索の場合 　　確認 1 件につき 600 円 　・都道府県検索の場合 　　確認 1 件につき 400 円（都道府県当たり） 　・追加経路検索の場合 　　確認 1 件につき 100 円（10km ごと）
通行経路の許可・有効期間	2 年以内（超寸法・超重量は 1 年以内） ※優良事業者は最長 4 年以内	1 年間

（出典：国土交通省・全日本トラック協会（2022）「新たな特殊車両通行制度「特殊車両通行確認制度」が始まります！」[8]）

　現在の一般的制限値（車両総重量）が連結車で 40 トン以上となっている欧州諸国においても、一般的制限値の導入当初は 20 トン前後で、日本と同程度だった。しかし、1950 年代以降に車両の大型化に対応するため、段階的に一般的制限値を引き上げてきた。なお、一般的制限値を増加させた場合に特に問題となるのが、その重量増に橋梁が耐えられるか否かである。そのため、欧州諸国では、制限値の見直し時において、橋梁の点検・補強を行っている。

　それに対して、日本では、1961 年に一般的制限値を設定して以降、20 トンから変更していない。確かに、指定道路や高速自動車国道において制限値を緩和するなど、道路構造の規格に合わせて段階的に大型車の走行可能な環境を整えてきたが、輸送を起終点で見れば、制限が緩和された道路以外の道路の走行は不可避であり、車両の大型化への対応としては十分とはいえない（図 2-5）。

表 2-8　各国の車両の最大寸法と最大総重量

	日本	EU指令	ドイツ	フランス	イギリス	スウェーデン	米国（ニューヨーク）	オーストラリア（クイーンズランド）	韓国	中国	タイ	インドネシア
車幅	2.5m	2.55m 冷蔵車は 2.6m	2.55m 冷蔵車は 2.6m	2.6m		2.6m	2.5m		2.55m 冷蔵車は 2.6m	2.55m 冷蔵車は 2.6m		2.6m
車高	3.8m ※高さ指定道路は 4.1m	4.0m	4.0m	規定なし	規定なし	規定なし	3.8m ※高さ指定道路は 4.1m	4.0m	4.0m	規定なし	規定なし	規定なし
車長	全車 12m ＊1	単車 12m セミトレーラー連結車 16.5m＊2 フルトレーラー連結車 18.75m	単車 12m セミトレーラー連結車 16.5m＊2 フルトレーラー連結車 18.75m	単車 12m セミトレーラー連結車 16.5m＊2 フルトレーラー連結車 18.75m	単車 24m セミトレーラー連結車 24m フルトレーラー連結車 25.25m	単車 24m セミトレーラー連結車 24m フルトレーラー連結車 25.25m	全車 12m ＊1	セミトレーラー連結車 24m フルトレーラー連結車 25.25m	単車 12m セミトレーラー連結車 フルトレーラー連結車	単車 12m セミトレーラー連結車 16.5m＊2 フルトレーラー連結車 18.75m	単車 12m セミトレーラー連結車 16.5m＊2 フルトレーラー連結車 18.75m	単車 24m セミトレーラー連結車 24m フルトレーラー連結車 25.25m
軸重	10トン	10トン 駆動軸は 11.5トン	10トン 駆動軸は 11.5トン	40～44トンの連結車 12トン その他 13トン	10トン 駆動軸は 11.5トン	10トン 駆動軸は 11.5トン	10トン	10トン 駆動軸は 11.5トン	10トン 駆動軸は 11.5トン	40～44トンの連結車 12トン その他 13トン	10トン 駆動軸は 11.5トン	10トン 駆動軸は 11.5トン
車両総重量	全車 20トン＊3 ※重さ指定道路は 25トン	単車 32トン 連結車 40トン（44トン）＊4,＊5	単車 32トン 連結車 40トン（44トン）＊4,＊5	単車 32トン 連結車 44トン ＊4,＊5	単車 30トン 連結車 44トン ＊4	単車 26トン セミトレーラー連結車 44トン フルトレーラー連結車 40トン	全車 20トン＊3 ※重さ指定道路は 25トン	単車 32トン 連結車 40トン（44トン）＊4,＊5	単車 32トン 連結車 40トン（44トン）＊4,＊5	単車 32トン 連結車 44トン ＊4,＊5	単車 30トン 連結車 44トン ＊4	単車 26トン セミトレーラー連結車 44トン フルトレーラー連結車 40トン
その他	最小回転半径 12m		最小回転半径 12.5m				最小回転半径 12m		最小回転半径 12.5m			

＊1　高速自動車国道では、セミトレーラー連結車 16.5m、フルトレーラー連結車 18.55m
＊2　イギリスは 2023 年ロングセミトレーラー連結車 18.55m を追加
＊3　連結車は高速自動車国道以外の道路 27 トン、高速自動車国道 36 トン（最遠軸距に応じて設定）
＊4　車軸数、サスペンション、ダブルタイヤか否かに応じて設定
＊5　代替燃料車はプラス 1 トン、ゼロエミッション車はプラス 2 トン（緩和）
（出典：各国の車両寸法に関する法令等をもとに筆者作成）

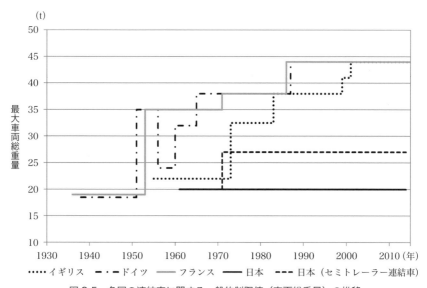

図 2-5　各国の連結車に関する一般的制限値（車両総重量）の推移
（出典：各国の車両の重量制限に係る規則類をもとに筆者作成）

② 一般的制限値に関する取組み

　諸外国では、地球温暖化問題やドライバー不足等への対応として、さらなる車両の大型化等に取り組んでいる。

　欧州委員会は、2023 年 7 月 11 日、環境政策によって経済成長を目指す「欧州グリーンディール」の一環として、貨物輸送のグリーン化に向けた提案を行った。提案には、バッテリーなどの重量がかさむゼロエミッション車に対して総重量 4 トンの上乗せ（現行は 2 トンの上乗せ）と車長の緩和（最大90cm）、背高コンテナ用の全高制限の緩和、欧州モジュラーシステム（標準化された複数の車両を連結して運用する仕組み）の国境を越えた輸送に係るルールの策定、貨物鉄道へのモーダルシフトなどが含まれている。

　なお、欧州で大型車の車両重量・寸法を規定する欧州理事会（EU）指令「96/53/EC」は 1996 年に定められたもので、2002 年の「2002/7/EC」と、2015 年の「(EU) 2015/719」の 2 回にわたって改定されている。

　今回の改定案は、2022 年に現行の EU 指令に対するレビューが実施されたことを受けたものである。具体的には、現行の規制は道路輸送における安全性

向上、道路インフラの保護、コンテナ化等によるインターモーダル輸送の奨励
において効果的と評価されたものの、ゼロエミッション技術や省エネデバイス
の導入促進については不十分との評価であった。この提案は今後、欧州議会と
欧州理事会による通常の立法手続きで検討され、承認されれば 2025 年から施
行される見込みである。

　また、スウェーデンでは、道路の規格に応じて走行可能な車両総重量を設定
する制度が導入されている。2017 年、スウェーデン議会は、スウェーデンの
道路網に新しい耐荷重分類（以降 BK4 と呼ぶ）を導入することを決定した。
この分類により、指定された道路では車両総重量 74 トンまでの車両を運転す
ることが可能になった。

　BK4 道路網は 2018 年に最初の区間が開通して以降、段階的な整備が行われ、
2020 年末には、全国大型道路網（BK1 と BK4 道路網から構成される）約
10,200 マイル（16,320km）のうち約 30％が BK4 車両用に開放されている。

　なお、通行する車両の重量が増加すると、道路インフラへの負担の増加が懸
念される。規定された車両総重量や軸重の車両で指定された道路を通行する限
りは問題となることは少ないものの、その条件を逸脱した通行が生じた場合、
深刻な影響を及ぼす可能性がある。そのため、各国は長大トラックが適切に走
行しているかを把握する方法を模索している。

　先進的な取組みとしてオーストラリアのニューサウス・ウェールズ州の例が
挙げられる。ニューサウス・ウェールズ州では、GPS を用いて大型貨物車の
走行をモニタリングする IAP（Intelligent Access Program）に参加する車両に
ついて、一般的制限値（車両総重量）を緩和している。

　たとえば、ダブルス車両（トラクター＋セミトレーラー 2 台）の場合、OBW

表 2-9　道路レベル別最大車両総重量と延長（2020 年）

レベル	最大車両総重量	延長（国道）	延長（市町村道）
BK4	74 トン	16,320km	3,990km
BK1	64 トン	（うち BK4 が約 30％）	
BK2	51.4 トン	530km	2,400km
BK3	37.5 トン	110km	10km
合　計		16,960km	6,400km

注）国が管理する道路の全延長は約 98,500km、市町村が管理する道
　　路の全延長は約 42,000km、私道が約 44 万 km（2018 年）

（出典：Hofsten von H, *et al.*（2021）「BK4-läget 2020」[9]を参考に筆者
作成）

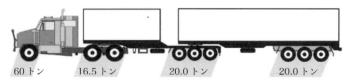

60 トン　16.5 トン　20.0 トン　20.0 トン

ダブルス車両は指定ルートのみ走行可能であり、道路管理者の許可を取得する必要がある。

図 2-6　ダブルス車両（トラクター＋セミトレーラー 2 台）

（出典：National Heavy Vehicle Regulator（2016）「National heavy vehicle mass and dimension limits」[10]）

（車載計量装置）と連携した IAP システムを搭載することを条件に、一般的制限値（車両総重量）を 62.5 トンから 68 トンに緩和している。

（3）特殊車両許可制度の比較

　次に、諸外国の特殊車両許可制度（特車許可）について、日本の制度との比較を試みる。

　上述のように、諸外国では車両総重量 40 トンクラスの車両は、そもそも特車許可を取得する必要がなく、それを超える車両についてのみ、日本と同様に特車許可の取得が必要となる。

　各国に共通する特徴として、ひとつの申請窓口で複数の道路管理者にまたがる通行許可が得られる点がある。また、申請から許可までの期間も、ドイツでは最短 2 時間（条件の厳しいものは 4 週間）と日本より短い。スイスでは、指定ルートの場合 3 日程度と日本の大型車誘導区間と同程度となっている。

　イギリスでは、交通省が運営するオンラインシステムで複数の道路管理者の管理する道路の一括申請が可能である。また、一定の大きさまでは許可は不要であり、届け出も 2 日前まで認められ、手数料もかからない。

　これに対して、日本では、表 2-7 で見たように、オンラインによる一括申請は可能であるものの、走行経路等は申請者が自ら調べて書類を作成する必要がある。また、申請から許可までに約 1 か月（令和元年実績）を要するなど、手間と時間がかかる仕組みとなっている。こうした課題に対処すべく 2022 年に導入された制度が特殊車両通行確認制度であり、ETC2.0 車載器の登録が必須であるものの、電子データ化された道路については、オンラインで申請し、かつ即時に通行が可能になった。ただし、手数料がかかる点で、イギリスなどとの違いは残る。

2.3　今後の大型貨物車の通行制度への期待

　本章では、限られた国ではあるものの、諸外国と日本における大型貨物車の通行制度について比較を行った。

　諸外国では、車両の大型化に対応するように段階的に一般的制限値を引き上げてきている。車両総重量 40 トン（インターモーダル輸送に用いられる海上コンテナ車は 44 トン）までのセミトレーラー・フルトレーラー連結車の走行に特車許可は不要であり、実際に幹線輸送ではセミトレーラー連結車が広く用いられている。また、経済性や地球温暖化対策を目的として、輸送の効率化のために、さらなる一般的制限値の引き上げの動きもみられ、欧米諸国だけでなく、経済発展が著しいアジア諸国においても車両総重量 40 トン以上の国が多い。

　日本においても、トラック輸送の効率化が喫緊の課題であり、車両の大型化を推進するためにも、道路インフラの使われ方とそのための基準に着目した改善が求められる。

　なお、改善にあたっては、諸外国のように橋梁の耐荷重の点検・強化を通じて一般的制限値を引き上げる手法も考えられる。また、需要の高い路線から大型貨物車が走行可能な道路ネットワークを拡充しつつ、特殊車両通行確認制度なども併用して実質的に大型貨物車の通行の障壁を引き下げていくことも考えられる。いずれの場合においても、ETC2.0 や OBW などを活用した車両の走行経路のモニタリングを通じて、道路インフラの損傷を防ぎ、交通の安全を確保することが期待される。

【参考文献】
1)　全日本トラック協会「日本のトラック輸送産業　現状と課題 2023」，2023.
2)　（バン）Highways Statistics 2019，（単車トラック、連結トラック）Freight Facts and Figures-BTS Data Inventory.
3)　Kraftfahrt-Bundesamt "Fahrzeugzulassungen (FZ)"，2023.
4)　Vehicle licensing statistics data tables (VEH0105, VEH0506).
5)　国土交通省「自動車輸送統計調査　業態別・車種別・品目別輸送トンキロ」.
6)　Eurostat "Road freight transport by vehicle characteristics 2021".
7)　道路法令研究会 編著『改訂 5 版 道路法解説』大成出版社，2017，1076p..
8)　国土交通省，全日本トラック協会「新たな特殊車両通行制度 特殊車両通行確認制度が始まります！」，2022.

9) Henrik von Hofsten, Patrik Flisberg (Konsult), Oskar Gustavsson, Aron Davidsson "ARBETSRAPPORT 1089-2021" BK4-läget 2020, 2021.

10) National Heavy Vehicle Regulator "National heavy vehicle mass and dimension limits", 2016.

第3章　ダブル連結トラック利用区間の延伸とその効果

3.1　全国道路・街路交通情勢調査における大型貨物車の実態分析

　ダブル連結トラックへの転換に適する車両のひとつとしては、長距離を運行する長大トラックが挙げられる。そこで「平成 27 年度全国道路・街路交通情勢調査　オーナーマスターデータ」（以下、全国道路・街路交通情勢調査）のトリップデータを用いて貨物車の運行特性に関する分析を行った[注1]。

(1)　貨物車の運行特性
　①　トリップ・台キロ・平均トリップ長および構成比
　表 3-1 は貨物車の車種別トリップ数・台キロ、およびその構成比と 1 トリップ当たりの平均トリップ長を示したものである。「トリップ」は起点から終点へ移動する際の移動の単位・概念である。平成 27 年度全国道路・街路交通情勢調査では、ひとつの目的を持ったある地点から別の地点まで移動を 1 トリップとして計測している[注2]。貨物車のうち大型貨物車は、トリップ数の構成比としては 14％程度にとどまっているが、台キロ構成比では約 4 割を占めている。1 トリップ当たりの平均トリップ長は約 70km となっており、他の貨物車と比べトリップ長が非常に長い。
　表 3-2 は、大型貨物車について車両重量別にその内訳を整理したものである。車両総重量 20 トン以上 25 トン未満に該当する大型貨物車は、全大型貨物車の 4 割程度を占めていることがわかる。また、それらの車両の平均トリップ長は約 90km、平均ジャーニー長は約 430km となっている。なお本分析では、車両が自宅（または車庫）を出発してから自宅（または車庫）に戻るまでの移動を 1 ジャーニーとして集計している。
　なお、全国道路・街路交通情勢調査にはジャーニーを識別するためのフラグは付与されていない。しかし、同一車両の一連のトリップでは、全国道路・街路交通情勢調査の特定の項目値が同一となるため、ジャーニー単位を集計する際には、これらの項目値が同一のものをひとつのジャーニーと判断する。
　②　ジャーニー長分布
　図 3-1 は、大型貨物車および 20 トン以上 25 トン未満の大型貨物車のジャー

表3-1　貨物車の車種別トリップ・台キロおよび構成比と平均トリップ長

	トリップ数 (千トリップ)	トリップ 構成比(%)	台キロ (千台キロ)	台キロ 構成比(%)	1トリップ当た りの平均トリッ プ長　(km)
大型貨物車 (普通貨物車：大型自動車)	1,976	14.2	134,826	38.3	68.2
普通貨物車：中型自動車	1,338	9.6	50,103	14.2	37.4
普通貨物車：準中型自動車	1,549	11.1	28,713	8.2	18.5
普通貨物車：普通自動車＋ 区分不明	190	1.4	.3,450	1.0	18.2
軽貨物車	4,583	32.9	53,296	15.1	11.6
小型貨物車	4,278	30.7	81,843	23.2	19.1
貨物車計	13,913	100.0	352,232	100.0	25.3

表3-2　大型貨物車の車両総重量別トリップ・台キロおよび構成比と平均ジャーニー長

	トリップ数 (トリップ)	トリップ 構成比 (%)	ジャー ニー数 (ジャー ニー)	ジャー ニー 構成比 (%)	台キロ (千台 キロ)	台キロ 構成比 (%)	1トリップ 当たりの 平均ト リップ長 (km)	1ジャーニー 当たりの 平均ジャー ニー長 (km)
50トン以上	41,536	2.0	10,970	2.8	3,538	2.6	85.5	322.6
45トン以上50トン未満	118,707	6.0	26,894	6.8	7,701	5.7	64.9	286.3
40トン以上45トン未満	6,705	0.0	1,298	0.3	467	0.3	69.7	360
35トン以上40トン未満	140,186	7.0	29,785	7.6	10,197	7.6	72.7	342.3
30トン以上35トン未満	276	0.0	72	0.0	39	0.0	142.6	546.5
25トン以上30トン未満	70,466	4.0	15,069	3.8	7,914	5.9	112.4	525.2
20トン以上25トン未満	836,409	42.0	179,540	45.5	76,743	57.0	91.8	427.4
15トン以上20トン未満	498,175	25.0	74,256	18.8	16,393	12.2	32.9	220.8
上記以外[*1]	263,058	13.0	56,478	14.3	11,743	8.7	44.6	207.9
大型貨物車計[*2]	1,975,518	100.0	394,362	100.0	134,735	100.0	68.2	341.7
〈参考〉貨物車計	13,912,827	−	3,421,187	−	351,997	−	25.3	102.9

＊1　車両重量11トン以上または最大積載量6.5トン以上
＊2　普通貨物車：大型自動車計

ニー数と、全大型貨物車に占める20トン以上25トン未満の大型貨物車の割合を示している。ジャーニー長200km未満をピークとして、距離に反比例しジャーニー数が少なくなっていることがわかる。またジャーニー長が増すにつれて、20トン以上25トン未満の大型貨物車が占める割合が高くなる傾向がある。

(2) 車両総重量20トン以上25トン未満の大型貨物車の運行特性

　車両総重量20トン以上25トン未満の大型貨物車は、前項で示したように台キロ構成比で約6割を占めており、ダブル連結トラックへの転換にも適する重

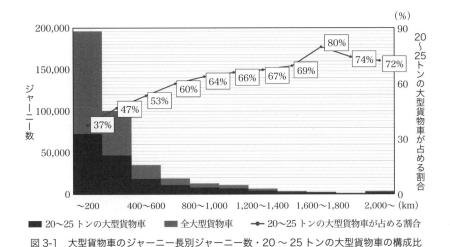

図 3-1　大型貨物車のジャーニー長別ジャーニー数・20 〜 25 トンの大型貨物車の構成比

量区分であるとも考えられる。そこで、この区分の大型貨物車に着目し、トリップデータを用いた運行特性の分析を行った。

　一般的に、長大トラックのトリップデータを他のトラックのトリップデータと区分して抽出するためには、車両長等の車両の長さに関する属性に着目して抽出を行うことが考えられる。しかし、今回分析に用いた全国道路・街路交通情勢調査には、区分に用いることのできる属性は含まれていない。

　そこで、車種や所有形態などの属性に加え、車両の重量に関する属性を用いて長大トラックの多くが含まれると考えられる「大型貨物車」の都道府県間をまたぐトリップデータを抽出した。そして抽出したトリップデータより、都道府県間の流動状況や発生集中量の空間的分布、出発・到着時間の特徴等の解明を試みた。なお、発着地の組み合わせ別にトリップを集計している。

　① 都道府県間の流動状況

　図 3-2 は都道府県間のトリップの流動状況に関して、その地理的特徴および発生集中量の多寡がわかりやすくなるよう、流動状況を流線図により可視化したものである。図中、●印は都道府県庁所在地に表示され、●の大きさは発生集中量に比例する形としている。また●と●を結ぶ線は流動量を表し、太さはトリップ数に比例する形としている。なお線については、1,200 トリップ以上ある都道府県をまたぐ発着ペアのみを描画している。

　流動状況としては、太平洋ベルト地帯を構成する地域で、近隣都道府県間を

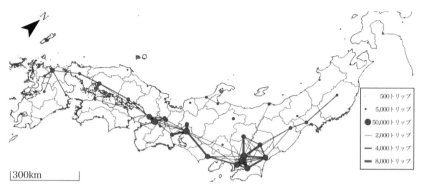

図 3-2 都道府県別のトリップ発生集中量およびトリップ数の多い区間
（20 トン以上 25 トン未満の大型貨物車）（背景地図：地理院タイル、Leaflet）

図 3-3 発生集中量の多い IC（背景地図：地理院タイル、Leaflet）

中心としたトリップが多い傾向がみられる。なかでも東京・大阪・名古屋・福
岡などの大都市の近隣都道府県間のトリップが特に多い傾向がみられる。

② IC 別の発生集中量

図 3-3 は IC 別のトリップの発生集中量に関して、その地理的特徴および発
生集中量の多寡がわかりやすくなるよう、発生集中量を図形表現図にて可視化
したものである。図中、●印は IC の位置に表示され、●の大きさは発生集中
量に比例する形としている。発生集中量が上位 75 位までの IC を描画している。

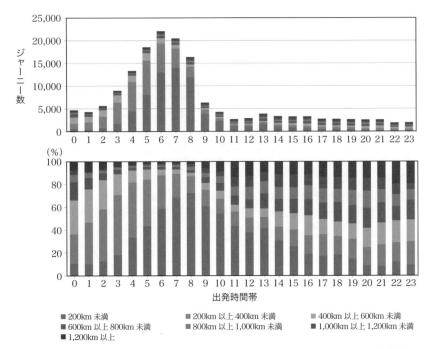

図 3-4　出発時間帯別ジャーニー数および割合（20 トン以上 25 トン未満の大型貨物車）

　発生集中量の多い IC は、主に関東から近畿にかけての太平洋ベルト地帯周辺部に分布している。また、物流施設や工場等が集積していると考えられる東京湾臨海部や、幹線となる高速道路沿いを中心に分布している傾向もみられる。

　③　出発・到着時間帯に着目したジャーニーの分析

　1）出発時間帯

　図 3-4 は、出発時間帯別に距離帯ごとのジャーニー数および割合を集計したものである。ジャーニー数は、朝方（4〜8 時台）に出発する方が多い。一方、距離帯ごとの構成割合は、未明〜昼前（3〜10 時台）は短距離のジャーニーの割合が多く、昼過ぎ〜深夜（15〜0 時台）は長距離の割合が多い。

　2）到着時間帯

　図 3-5 は、ジャーニーの到着時間帯別に距離帯ごとのジャーニー数および割合を集計したものである。ジャーニー数は、昼〜夕方（14〜18 時台）にかけて到着しているものが多い。一方、距離帯ごとの構成割合については、昼前〜

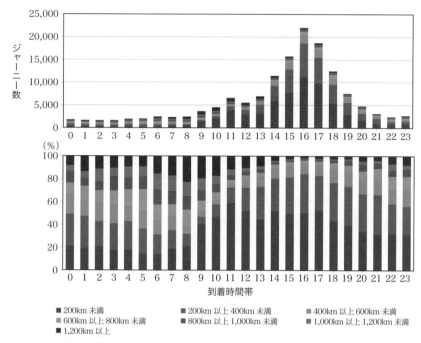

図 3-5　到着時間帯別ジャーニー数および割合（20 トン以上 25 トン未満の大型貨物車）

夜（11 〜 21 時台）に短距離の割合が多い。

3.2　ダブル連結トラックの走行需要が高い区間の抽出

　1.2 で紹介されているとおり、2022 年 11 月に全長 23m 超のダブル連結トラックの通行可能区間が大幅に拡充された。しかし暫定 2 車線運用区間や、東北地方、九州・四国の一部の区間は未だに走行できない。本節では、通行区間の制約条件が緩和された場合を想定し、トリップデータと道路ネットワークデータを用いたネットワーク解析を行い、ダブル連結トラックの需要が見込まれる区間の把握を試みた。

　トリップデータは、3.1（1）の分析でも用いた全国道路・街路交通情勢調査の車両総重量 20 トン以上 25 トン未満の大型貨物車のトリップデータをもとにした。OD（発着）ペアについて発着方向の向きは問わずに IC の組み合わせ別にグループ集計を行い、トリップが 20 以上みられた 1,304 の IC の組み合わせ（計 54,984

トリップ）を抽出したデータセット（以下、OD ペア）を作成し分析に用いた。

　具体的な手法として、全国配分モデルを構築した道路ネットワークデータを用いて OD ペアごとに一般化費用（大型車）が最小となる経路・道路リンクを特定した。配分計算は標準的な BPR 関数を用いた確定的利用者均衡で、全 OD ペアでの通過トリップ数の総和を道路リンクごとに求め、解析結果を得た。

(2) 解析結果

　図3-6（口絵3）で示す主題図は、経路解析により通過した OD ペアのトリップ数の総和を道路リンクごとに5階級区分（等量分類、暖色系の色の道路リンクほどトリップ数の総和が多い）で可視化したものである。本解析では、トリップ数の総和が多い道路リンクを、ダブル連結トラックへの転換に適する大型貨物車の走行需要が高い区間であると解釈した。なお灰色で示した道路リンクは、経路解析の結果いずれの OD ペアでも通過がみられなかった道路リンクを示している。結果を考察するうえでは、OD が長距離であるトリップ（発地と着地が互いに異なる都道府県であり、かつ高速道路を利用しているもの）のうち、トリップ数が20以上の OD ペアのデータを使用したという点に留意が必要となる。

　全体的な傾向としては、関東から九州に至る太平洋ベルト地帯、および関越道・東北道の南部で走行需要が高いといえる結果となった。2022年11月にダブル連結トラックの走行可能区間として拡充された、関越道、上信越道、北関東道、東関東道、中央道、北陸道、神戸淡路鳴門道、九州道、長崎道等の走行需要が高いこともわかる。

　実際の道路の走行環境の制約の課題もあるが、2023年10月現在は通行ができないものの走行需要が高いと考えられる区間としては、中国道、北陸道の黒部 IC－長岡 JCT 間、西名阪道等が挙げられる。また、首都高湾岸線など、東京・名古屋・大阪都市圏内部にも走行需要が高い区間がみられる。上記の都市圏では湾岸部に物流施設等が立地しており、これらの区間は、通過交通だけでなく、都市内部を発着する OD が多いと想定される。仮に通過交通を都市圏内から排除しつつ、都市圏内部での発着のみをターゲットにダブル連結トラックや貨物車の隊列走行（第13章参照）を運用することが可能であると仮定すると、一定の走行需要や転換のメリットがあるとも考えられる。

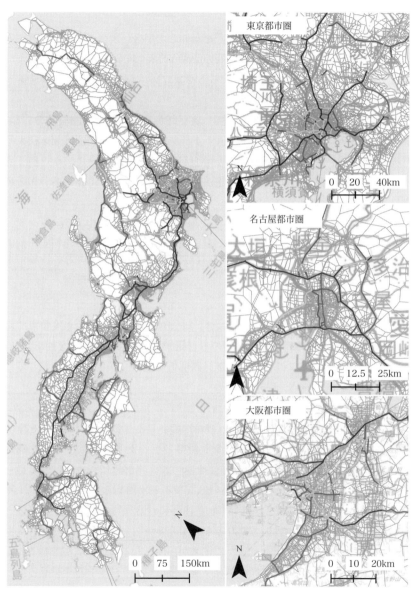

図 3-6 大型貨物車の走行需要が高い区間（背景地図：地理院タイル）

（巻頭口絵 3 参照）

3.3　走行可能区間を拡大した場合の整備効果に関する分析

　ダブル連結トラックの走行可能区間を延伸した場合、現在の走行可能区間内におけるトリップの迂回率や所要時間の改善が期待できるだけでなく、新たに走行可能となった区間が発着地となるトリップの大型貨物車がダブル連結トラックへ転換することも期待できる。

　そこで 2021 年度時点でダブル連結トラックが走行可能な区間を基準とし、表 3-3、図 3-7、3-8（口絵 4、5）で示す 4 パターンにて走行可能区間を拡大した場合に、トリップ数や走行台キロの増加がどの程度期待できるのかという点や、走行可能区間の拡大によって往来が可能となる OD ペアの空間的分布の特徴に着目し分析を試みた。

　トリップデータとしては、3.2 でも使用した OD ペアを用いて、各シミュレーションパターンで通行可能とした経路上に存在する OD ペアを特定・抽出し、最短距離経路によるネットワーク解析を行って結果を得た。

(1)　解析結果

　各パターンでのシミュレーションを行うにあたり、まず 2021 年度時点でダブル連結トラックが走行可能な区間のみで往来が可能な OD ペアを抽出した。それらの OD ペアについて、最短距離経路解析を行い、トリップ数を乗じることで走行台キロを求めた（A）。

　転換が期待できるトリップ数は走行可能区間が延伸されるほど増加するが、整備効果を把握するため、区間延長（km）でトリップ数・走行台キロを除することにより、①区間延長 1km につき獲得できるトリップ数、②区間延長 1km につき獲得できる走行台キロの値を求めた。本解析においては、これらの値が高いほど、より整備効果の高い区間であると解釈した。なお、2021 年時点での走行可能区間における区間延長 1km につき獲得できるトリップ数と走行台キロは、それぞれ 6.0、788.0 となっている。

　走行可能区間の拡大により、新たに往来が可能となる OD ペアが生じる。こうした OD ペアについても最短距離経路解析を行い、トリップ数を乗じることで走行台キロを求めた（B-2）。

　2021 年度時点でダブル連結トラックが走行可能な区間のみでも通行可能である OD ペアについては、走行可能区間の拡大により最短距離経路が変動する

表 3-3　シミュレーションを行ったパターン

	延伸区間
パターン①	九州道全区間を走行可能区間として拡大
パターン②	関越道全区間を走行可能区間として拡大
パターン③	圏央道内側全区間を走行可能区間として拡大
パターン④	すべての高速・自専道等（北海道・沖縄を除く）を走行可能区間として拡大

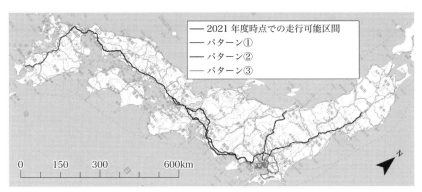

図 3-7　走行可能とした区間（パターン①〜③）（背景地図：地理院タイル）

（巻頭口絵 4 参照）

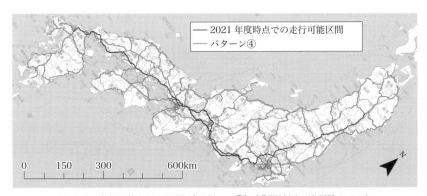

図 3-8　走行可能とした区間（パターン④）（背景地図：地理院タイル）

（巻頭口絵 5 参照）

可能性がある。そこでこれらの OD ペアについても、(A) とは別に走行可能区間拡大後のネットワークにて最短距離経路解析を改めて行い、トリップ数を乗じることで走行台キロを求めた (B-1)。

　表 3-4 はこれらの結果をまとめたものである。

表 3-4　走行可能区間を拡大した場合のトリップ数・走行台キロの変化

		区間延長 (km)	総 トリップ 数 (トリップ)	総走行 台キロ (台キロ)	区間延長 1km につき 獲得できる トリップ数 (トリップ)	区間延長 1km につき 獲得できる 走行台キロ (台キロ)
拡大前	2021 年時点での走行可能区間 (A)	2,285.8	13,699	1,801,247	6.0	788.0
① 九州道	走行可能区間拡大後 (B-1)＋(B-2)	2,556.0	14,953	2,009,819	5.9	786.3
	【内訳】拡大前から走行可能で あった OD ペア分（B-1）	2,285.8	13,699	1,801,247	6.0	788.0
	【内訳】拡大後に走行可能と なった OD ペア分（B-2）	270.2	1,254	208,572	4.6	771.9
② 関越道	走行可能区間拡大後 (B-1)＋(B-2)	2,534.1	16,346	1,999,137	6.5	788.9
	【内訳】拡大前から走行可能で あった OD ペア分（B-1）	2,285.8	13,699	1,801,247	6.0	788.0
	【内訳】拡大後に走行可能と なった OD ペア分（B-2）	248.3	2,647	197,889	10.7	797.1
③ 圏央道内側	走行可能区間拡大後 (B-1)＋(B-2)	3,077.8	25,432	2,918,348	8.3	948.2
	【内訳】拡大前から走行可能で あった OD ペア分（B-1）	2,285.8	13,699	1,801,106	6.0	787.9
	【内訳】拡大後に走行可能と なった OD ペア分（B-2）	792.0	11,733	1,117,242	14.8	1,410.7
④ 高速・自専道	走行可能区間拡大後 (B-1)＋(B-2)	12,287.7	54,877	6,587,215	4.5	536.1
	【内訳】拡大前から走行可能で あった OD ペア分（B-1）	2,285.8	13,699	1,795,549	6.0	785.5
	【内訳】拡大後に走行可能と なった OD ペア分（B-2）	10,001.8	41,178	4,791,666	4.1	479.1

　また走行可能区間の拡大により往来が可能となる OD ペアの空間的分布を、図 3-9 ～ 3-12（口絵 6 ～ 9）に示す。口絵のカラー図中の線色が暖色系の OD ペアほどトリップ数が多い区間である。

　1）九州道全区間を走行可能区間として拡大した場合（図 3-9）

　総トリップ数は 9％増加し（13,699 → 14,953）、総走行台キロは 12％増加する（1,801,247 → 2,009,819）ことが期待できる。区間延長 1km につき獲得できるトリップ数と走行台キロに着目すると、走行台キロはほぼ同等（788.0 → 786.3）、トリップ数は 2％減少（6.0 → 5.9）と現行区間と同程度となっている。本区間は 2022 年 11 月に走行可能区間となったが、2021 年度時点の走行可能区間と同程度の整備効果が得られていると考えられる。

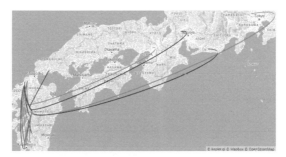

図 3-9　拡大後に走行可能となった OD ペア（B-2）の分布（パターン①）
（巻頭口絵 6 参照）

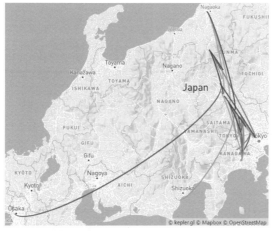

図 3-10　拡大後に走行可能となった OD ペア（B-2）の分布（パターン②）
（巻頭口絵 7 参照）

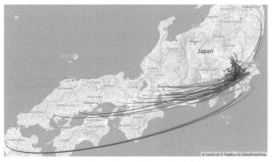

図 3-11　拡大後に走行可能となった OD ペア（B-2）の分布（パターン③）
（巻頭口絵 8 参照）

　拡大後に往来が可能となっ
た OD ペアの空間的分布の特
徴としては、九州内で完結し
ている OD ペアが大半である
が、一部に関西・中京・関東
圏との間のトリップも確認で
きる。

　2）関越道全区間を走行可
　　能区間として拡大した
　　場合（図 3-10）

　総トリップ数は 19％増加
し（13,699 → 16,346）、総走
行 台 キ ロ は 11 ％ 増 加 す る
（1,801,247 → 1,999,137）　こ

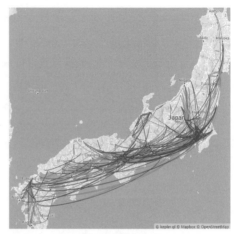

図 3-12　拡大後に走行可能となった OD ペア
（B-2）の分布（パターン④）

（巻頭口絵 9 参照）

とが期待できる。区間延長 1km につき獲得できるトリップ数と走行台キロに
着目すると、トリップ数は 8％増加し（6.0 → 6.5）、走行台キロはほぼ同等と
なる（788.0 → 788.9）。本区間は 2022 年 11 月に走行可能区間となったが、
2021 年度時点の走行可能区間と同程度かそれ以上の整備効果が得られている
と考えられる。

　拡大後に往来が可能となった OD ペアの空間的分布の特徴としては、関越道
〜首都圏圏内で完結している OD ペアが大半だが、関西圏との間のトリップも
確認できる。

　3）圏央道内側の全区間を走行可能区間として拡大した場合（図 3-11）

　圏央道内側の全区間を走行可能区間として拡大することは、その拡大区間や
運用方法によっては都市内部に通過交通が流入することとなるため、必ずしも
望ましいとは言い切れない側面もある。実際に解析結果において、走行可能区
間・路線拡大前（A）と拡大前から走行可能であった OD ペア（B-1）とを比
較すると、拡大後に総走行台キロがわずかに減少に転じている。これは拡大前
には圏央道等を利用し都心を通過しなかった東名／新東名−東北道間を往来す
るトリップが、圏央道の内側を通行するようになったことによる影響である。
ただし、本解析は最短距離経路での解析を行った結果であるため、最短時間距
離経路の条件で解析を行った場合には異なる結果が得られる可能性がある。通

過交通の課題を除いて解析結果を考察すると、ダブル連結トラック等への転換に適すると考えられる総トリップ数は86%増加し（13,699 → 25,432）、総走行台キロは62%増加する（1,801,247 → 2,918,348）ことが期待できる。区間延長1kmにつき獲得できるトリップ数と走行台キロに着目すると、トリップ数は38%増加し（6.0 → 8.3）、走行台キロは20%増加する（788.0 → 948.2）。

　実際の道路の走行環境の制約や通過交通の課題はあるが、圏央道内側においてダブル連結トラックや隊列走行の走行可能区間を拡大することにより、それらへの転換という意味においては大きな整備効果が得られると考えられる。

　拡大後に往来が可能となったODペアの空間的分布の特徴としては、首都圏内で完結しているODペアが多いが、東海地方との間のトリップも比較的多くなっている。その他、東北・関西・中国地方との間のトリップも確認できる。

　4）すべての高速・自専道等（北海道・沖縄を除く）を走行可能区間として
　　拡大した場合（図 3-12）

　ダブル連結トラックへの転換に適すると思われる総トリップ数は約4倍に増加し（13,699 → 54,877）、総走行台キロは約3.7倍に増加する（1,801,247 → 6,587,215）ことが期待できる。しかし区間延長1kmにつき獲得できるトリップ数は25%減少し（6.0 → 4.5）、走行台キロも32%減少する（788.0 → 536.1）。すべての高速・自専道等を走行可能区間として拡大すると、ダブル連結トラックへの転換需要が少ない区間の割合が増えてしまうため、2021年時点で走行可能な区間と比較すると整備効果は小さいという結果となった。

　拡大後に往来が可能となったODペアの空間的分布の特徴としては、太平洋ベルト地帯でのODペアが多くを占めるほか、都市圏と地方都市とを結ぶODペアも目立つ。

注 1) 全国道路・街路交通情勢調査に関して、オーナーマスターデータは非公開データであり、許可を受けて使用している。ただし、集計結果整理表と箇所別基本表および時間帯別交通量表はウェブサイトで公開されている。(https://www.mlit.go.jp/road/ir/ir-data/ir-data.html)（2024.3.6 確認）

注 2) 平成 27 年度　全国道路・街路交通情勢調査　自動車起終点調査（OD 調査）データ利用の手引き（https://www.e-stat.go.jp/stat-search/files?tclass=000001127362&cycle=8&year=20151）（2024.3.6 確認）

第4章 事業者からみたダブル連結トラック活用の
課題と対策

　近年、長距離トラック輸送を担うドライバー不足が問題視され、その解決策のひとつとして貨物車の大型化が期待されている。政府も特殊車両通行許可制度における基準の緩和などを通じて、貨物車の大型化、特にダブル連結トラックの導入を進めようとしているが、現時点ではその導入は限定的である。

　そこで本章では、ダブル連結トラックの活用に関する2つの事例の考察を通じて、その課題と対策を整理する。第1の事例が、複数の荷主の貨物を積み合わせて輸送する特別積合せ貨物運送（以下、特積運送）であり、第2の事例が、重量物を輸送する自動車部品輸送である。いずれも積載率の向上を通じて貨物車の大型化、ダブル連結トラックの導入がしやすい領域と考えられる。

4.1　貨物車の大型化の概要

(1) 貨物車の大型化とは

　貨物車の大型化は、生産性向上、輸送効率化の具体的施策のひとつとして提起されてきた。その効果としては、積載量の増加による運行効率化と費用削減、台数削減に伴う環境改善などがある（全日本トラック協会（2019））。

　一方で、貨物車の大型化は、道路への負荷や交通安全の問題の原因ともなるため、車両制限令により、車両の寸法と重量の最大値が定められている（一般的制限値）。また、一般的制限値を超える車両（特殊車両）の走行にあたっては、通行許可が必要となる。この特殊車両の通行許可基準は、これまで数度にわたって緩和されてきている。特にダブル連結トラックに関しては、フルトレーラーの長さに関する許可基準の緩和があり、従来19mだったものが2013年11月に21mに、さらに2019年1月に25mに緩和された。なお、これらの緩和の経緯を踏まえ、本章では、ダブル連結トラックを「全長19m超のフルトレーラー連結車」と位置付ける。

(2) 貨物車の大型化のニーズと現状

　貨物車の大型化の潜在的なニーズは大きい。重量に関する車両制限令の改正（重さ指定道路等での20トンから25トンへの引き上げ、1993年）により、総重量19〜20トンの車両が減少し、総重量24〜25トンの車両が増加したこと

は、その一例である[4]。

　なお、わが国における連結車（トレーラー）の保有台数は190,292台であり、軽自動車を除く貨物車全体（約776万台）の2.5％に過ぎない（2022年3月現在）[5]。それに対して、車両総重量11トン以上の単車は962,111台（貨物車全体の12.4％）と多く、さらなる大型化の余地があると考えられる。

　ただし、ダブル連結トラックの導入はおおかたの予測より進んでいない。その要因として、ダブル連結トラックを導入済みの運送事業者からは、「荷主の理解・協力」「行政の規制緩和」「免許取得に向けての支援」「SA・PAの駐車スペース確保」「異常気象時の情報提供」「高速IC乗り直しの割引対象化」などの指摘がある[6]。また、今後の普及に向けた課題として、「駐車施設の増設」「運行区間の拡充」「総重量の規制緩和」「大型車両の多様化」「共同輸送の促進」「隊列走行とのインフラの共同利用」などの指摘もあり[7]、その解決に向けた取組みが求められる。

4.2　特積運送におけるダブル連結トラックの導入

(1) 特積運送におけるダブル連結トラックの利点

　本節では、第1の事例として、特積運送におけるダブル連結トラックの導入について検討する。特積運送は、一般に表4-1に示す工程で進められる。その最大の特徴は、工程2と工程4における積み替えである。それにより、工程3を担う貨物車の大型化ニーズが生じる。

　この貨物車の大型化ニーズを、谷口・根本[8]のインターモーダル輸送の費用モデルに基づき図示したものが図4-1である。

　ここでの想定は、貸切運送は発地から着地まで小型トラックを使用する一方

表4-1　特積運送の作業手順

工　程	作業内容
工程1	小型・中型トラック等で発荷主から集荷し、発地側の営業所[*1]に集める
工程2	発地側の営業所で方面ごと等に積み替える（荷役）
工程3	大型トラック等で着地側の営業所まで輸送する[*2]（幹線輸送）
工程4	着地側の営業所で配送ルートごと等に積み替える（荷役）
工程5	小型・中型トラック等で着荷主に配送する

＊1　事業者により名称はさまざまだが、一般に営業所と呼ぶことが多い。
＊2　事業者によっては、広域における積替機能を主とするハブターミナルを経由することもある。なお、ハブターミナルのなかでも特に規模の大きなものをメガターミナルと呼ぶことがある。

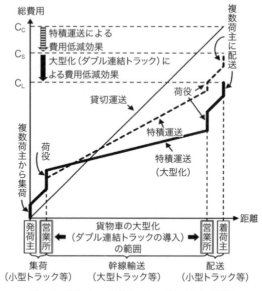

図4-1　貨物車の大型化による費用低減の仮説

で、特積運送は集荷・配送では小型トラックを使用し、幹線輸送では大型トラックを使用するというものである。このとき、特積運送は、営業所での積替費用（荷役費用）が生じるものの、大型トラックを使用する幹線輸送部分で貸切運送よりも輸送費用が小さいため、一定以上の輸送距離の場合、貸切運送よりも総費用が小さくなる。ここで重要な要素は、ターミナルでの荷役費用の水準と輸送手段ごとの輸送費用の水準である。

このとき、幹線輸送部分で大型車に代えてダブル連結トラックを導入することで、距離当たりの輸送費用が低減できれば、それに伴って荷役費用が増加したとしても、総費用は低減すると考えられる。

（2）ダブル連結トラックの活用意向に関する調査

ここでは、特積運送事業者9社を対象として2020年9〜12月に実施した調査を通じて、事業者のダブル連結トラックの活用意向を整理する。

調査対象事業者のビジネスモデルは、企業間物流（B to B）を中心に扱うもの（タイプ1：A〜F社）、企業―消費者間物流（B to C）を中心に扱うもの（タイプ2：G社、H社）、B to B と B to C の両方を同程度に扱うもの（タイ

プ3：I社）の3つに分けられる。

　調査結果をまとめた表4-2からは、タイプによって運行台数に占める自社・協力会社比率、車両サイズ、営業所等の構成、運行形態、荷役方法などが異なることがわかる。

(3) ダブル連結トラック活用には荷役の効率化が必要

　3種類のビジネスモデルのうち、タイプ1とタイプ3では、ダブル連結トラックがほとんど導入されていない。特にタイプ1は、従来からの特積運送の典型例であり、多店積み多店おろしが多いことが、その特徴である（図4-2）。

　また、幹線輸送も、すべてが新規格車（総重量20トン超の単車）に移行しているわけではなく、10トン車を使用している事業者も複数存在した。ダブル連結トラックが導入されていない理由としては、積替が手荷役で行われていること（そのため大型化すると荷役時間が延びて到着予定時刻までに着地側の営業所に到着できない）、営業所が規模・立地面でトレーラーに対応していないことがある。なお、タイプ3では手荷役を前提に、ハブターミナルでの積替も行いつつ、全体の荷役回数を削減することで時間制約を充足している。

　これに対して、タイプ2では、ハブターミナル、メガターミナルを活用しつつ、ダブル連結トラックの導入が進んでいることがわかった（図4-3）。その要因としては、ダブル連結トラックに必要な貨物量が確保できること、荷役作業に必要な駐車スペースが確保できることがある。なお、この運行形態をとることで荷役回数は増える。この問題に対し、タイプ2の事業者は、ロールボックスパレットを使用することで荷役時間を短縮し、時間制約を充足している。これができる背景として、取扱貨物がB to C貨物であり、荷姿が標準的であることも指摘できる。

　前述したように、特積運送事業者各社の行動原理は、時間制約下での総費用（輸送費用と荷役費用）の最小化である。このうち輸送費用は、一定の貨物量が確保できれば、ダブル連結トラックの方が単車（10トン車や新規格車）よりも低くできる。また、荷役費用は、ドライバーの時間費用が主であり、ほぼ所要時間に比例するため、ロールボックスパレットの使用による荷役時間の短縮が効果的である。

　次に、時間制約は、発地側の営業所から着地側の営業所までの所要時間であり、翌日配送圏内であれば、約12時間以内におさめる必要がある。所要時間

表4-2　インタビュー調査結果

質問	タイプ1	タイプ2	タイプ3
(1) 営業エリア、運行台数	①全国（A、F）、特定エリア＋他の物流事業者と相互利用（A、F以外） ②自社・グループ会社による運行が中心で、一部で協力会社にも運行を委託 ③1日当たりの上下便の運行台数は、貨物量のばらつきを反映し、必ずしも等しくない	①全国 ②1日当たりの運行台数は下りが上りより多い ③運行台数に占める自社比率は1〜2割	①全国 ②運行台数に占める自社比率は1割程度
(2) 保有車両の種類と数	①10トン車が中心（A、E） ②新規格車が中心（B、C、D、F） ③トレーラーは限定的	①新規格車が中心（G） ②10トン車が中心（H） ③一部でセミトレーラーも使用	①新規格車が中心 ②一部でスワップボディ車、トレーラーも運行
(3) 営業所等の種類と数	①50〜150か所程度の営業所 ②一部が大規模、中規模、その他が小規模という構成	①全国に約3,500か所の営業所、約70か所のハブターミナル（ハブT）、数か所のメガターミナル（メガT）（G） ②全国に約1,000か所の営業所、約60か所のハブT（H）	①全国に約400か所の営業所、約20か所のハブT ②約60か所の営業所は、ピーク時間帯以外にハブTとしても利用
(4) 幹線輸送の運行形態と荷役方法	①集荷車が18〜19時頃までに営業所に到着し、手荷役で幹線車に積み替え、20〜21時頃に発地営業所を出発、翌朝4〜7時頃に着地営業所に到着（翌日配送圏内の場合） ②手荷役：荷姿がさまざまのため ③直行便は多くなく、発地で2か所程度の積み込み、着地で3か所程度の荷おろし（2店積み3店おろし）が一般的	①発地営業所からハブTを2か所経由して着地営業所に至る運行が7〜8割：18〜21時頃に出発し、3〜6時頃に到着する夜間運行が中心だが、大型車を用いたメガT間の高頻度輸送（日中含む）の拡充も計画中（G） ②ハブT間の夜間運行が中心だが、中継ハブTを経由する運行もあり（H） ③ロールボックスパレットを使用した荷役（短時間で積み替え可能）	①ハブTを1か所経由する夜間運行がほとんど（貨物量の多い一部の営業所間では直行便を運行） ②手荷役
(5) ダブル連結トラックの導入意向	①導入予定なしか、限定的：走行可能道路の制約が大きい、ドライバーの不足、直行便として運行可能な貨物量がない等	①すでに導入済み ②今後も増車予定：メガTのスペースの制約から、ダブル連結への積み替えは通常の積替ピーク時間帯以外に実施（G） ③さらなる導入には慎重：ハブTのスペース制約、通行許可取得の困難さ（特に地方道）や制限（都市高速利用不可）等あり（H）	①導入予定なし：営業所等のスペース制約、手荷役

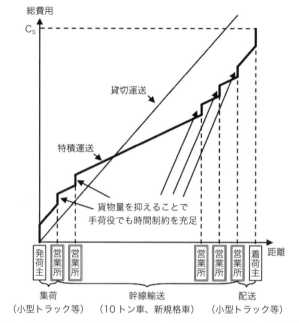

図 4-2　単車による多店積み多店おろしの特積運送の費用構造（タイプ 1）

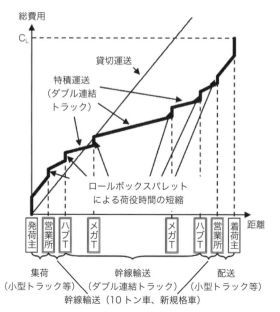

図 4-3　ダブル連結トラックを利用した特積運送の費用構造（タイプ 2）

は輸送時間と荷役時間の総和である。このうち輸送時間は、輸送経路によって多少異なるが、基本的にダブル連結トラックでも単車でも同じである。荷役時間は、1回当たりの荷役時間と荷役回数の積であり、前者は貨物量と荷役方法によって大きく異なる。タイプ3は、手荷役であるがゆえに、1回当たりの荷役時間は長いが、荷役回数を少なくすることで時間制約を充足している。それに対しタイプ2は、ロールボックスパレットを使用し、1回当たりの荷役時間を短くすることで、荷役回数を増やしても時間制約を充足できるようにしている。

　以上の考察から、ダブル連結トラック活用には荷役の効率化が必要であることが確認できる。

4.3　自動車部品輸送におけるダブル連結トラックの導入

(1) 自動車部品輸送におけるダブル連結トラックの利点

　本節では、第2の事例として、自動車部品輸送におけるダブル連結トラックの導入について検討する。

　自動車部品輸送とは、自動車の生産に伴う部品メーカーから自動車メーカーへの部品輸送である。自動車輸送統計調査（令和4年度分）によれば、「輸送用機械部品」は輸送トン数で貨物輸送全体の3.9％、輸送トンキロで同じく5.0％を占める。また、第11回全国貨物純流動調査（3日間調査、2021年）によれば、「自動車部品」の代表輸送機関はほぼトラックであり（96.8％）、その内訳としては営業用トラックの「一車貸切」が最も多く（85.5％）、「トレーラ」は5.9％に過ぎない。

　一般に自動車部品輸送では、部品メーカーが、自動車メーカーから受注した自動車部品を、自動車メーカーの工場にジャストインタイム（JIT）納入してきた。この納入形態が成立し得たのは、自動車メーカーが比較的限定された地域に密度高く部品メーカー群を配置し、その納入量も多かったためである[9]。

　その一方で、JIT納入に伴う小ロット化や部品メーカーの立地分散化が進むと自動車部品輸送の効率は低下する。この問題に対する輸送の集約方法として、①ミルクラン、②出発地混載、③中継地混載（クロスドック方式）の3種類がある[10]。このうち、自動車部品の調達物流の特徴であるミルクランは、国内でも取り組まれている。たとえば、いすゞ自動車株式会社は1994年に部品デポを用いた共同化を、翌年には部品メーカー―デポ間のミルクランを開始し

た[11]。また、日産自動車株式会社は2000年から工場内に設置した集配セン
ターを起点としたミルクランを実施している[12]。

　また従来、部品メーカーに物流システムの構築を委ねてきたトヨタ自動車株
式会社（以下、トヨタ）や本田技研工業株式会社（以下、ホンダ）も、近年、
メーカー主導でのミルクランや混載に取り組んでいる[13]。この変化の要因のひ
とつとして、自動車メーカーの工場の集約等を通じて、より長距離の自動車部
品の調達が増えていることがある。

(2) 荷主によるダブル連結トラックの活用事例

　ホンダでは、ドライバー不足問題や地球温暖化問題などを背景として、国内
約500社の部品メーカー（取引先）から自社の生産拠点への輸送の効率化に取
り組んでいる。

　ホンダでは、従来、自動車部品の売り手である部品メーカーまたは部品メー
カーが委託する物流事業者が、買い手であるホンダの生産拠点まで自動車部品
を届ける方式（ここでは「お届け物流」と呼ぶ）がとられており、現在でも過
半を占めている（図4-4）。この「お届け物流」では、部品メーカーにおいて、
ホンダに納入する部品だけを輸送する場合に積載率の低下が生じるほか、ホン
ダへの部品の納入条件を充足するためにホンダの生産拠点近傍の納品代行倉庫
で部品を在庫管理する必要が生じていた。またホンダにおいても、物流の実態
の把握が難しく、納入のトラックが生産拠点内を頻繁に出入りするといった問

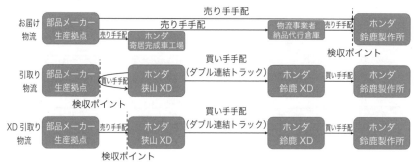

ダブル連結トラックと記載している区間以外は大型車の使用を想定する。

図4-4　ホンダの部品調達物流システム

（出典：ホンダ資料をもとに筆者作成）

題が生じていた。これら非効率な物流に伴う費用の増加は、最終的にホンダにおける自動車部品の調達価格の上昇の要因となるため、サプライチェーン最適化の観点から、その改善が求められていた。

　これに対しホンダでは、2011 年 5 月に、寄居工場の近傍に狭山クロスドッキングセンター（XD）、鈴鹿製作所の近傍に鈴鹿 XD などを設置し、買い手であるホンダが売り手である部品メーカーの生産拠点まで部品を引取りに行くミルクランによる輸送の効率化に着手した（ここでは「引取り物流」と呼ぶ）ほか、2018 年 8 月からは、部品メーカーが、自社の生産拠点に近いホンダの XD に部品を納入し、XD からホンダの生産拠点まではホンダの運営の下で輸送する取組み（ここでは「XD 引取り物流」と呼ぶ）を進めている。この「XD 引取り物流」は、「引取り物流」と比べ、部品メーカーの生産拠点からホンダの XD までの手配者、検収ポイントが異なるものの、XD の配置、XD 以降の輸送方法は同じである。現在はホンダの狭山 XD－鈴鹿 XD 間の輸送においてダブル連結トラックを 1 日 1 便運行している。このダブル連結トラックでは、1 台当たり 10 ～ 20 社の部品メーカーの自動車部品を混載して輸送している。

　今、関東地方に立地する部品メーカーからホンダ鈴鹿製作所への自動車部品の輸送を例に、「お届け物流」から「XD 引取り物流」への改善効果を考えてみる。試算の前提として、部品メーカーの生産拠点からホンダの狭山 XD まで、狭山 XD から鈴鹿 XD（生産拠点である鈴鹿製作所の近傍に立地）までの間の距離、所要時間、使用車両、積載率は表 4-3 に示すとおりとする。また、この部品メーカーは、ホンダの寄居工場、鈴鹿製作所に、それぞれ毎月 100 トンずつ、自動車部品を納品しているとする。

表 4-3　輸送効率化の効果の試算仮定

発　地	部品メーカーの生産拠点	部品メーカーの生産拠点	ホンダの狭山 XD
着　地	ホンダの寄居工場／狭山 XD	ホンダの鈴鹿製作所	ホンダの鈴鹿 XD
距　離	40km	420km	400km
速　度	30km/h（一般道）、80km/h（一般道）		
所要時間	80 分	370 分	330 分
使用車両 （積載量）	大型車（10 トン）	大型車（10 トン）	ダブル連結トラック （20 トン）
積載率 （改善前）	34%	42%	－
積載率 （改善後）	58%	－	85%

注）積載率はインタビュー調査での提供情報に基づく。

　改善前（「お届け物流」）、この部品メーカーは、自社が手配した大型車で、ホンダの各生産拠点向けに部品を直送していた。部品メーカーの生産拠点からホンダの寄居工場までは40kmのため、月間輸送量は4,000トンキロ（100トン×40km）となる。ここで積載量3.4トン/台（10トン/台×積載率34%）、所要時間80分とすると、走行時間は毎月39.2時間となる。同様に、部品メーカーの生産拠点からホンダの鈴鹿製作所までは420kmのため、月間輸送量は42,000トンキロ（100トン×420km）となる。ここで積載量4.2トン/台（10トン/台×積載率42%）、所要時間370分とすると、走行時間は毎月146.8時間となる。これらの合計は186.0時間であり、労働生産性を1時間当たりのトンキロ（トンキロ/人・時）で表すと、255.6（46,000/186）となる。

　これに対して、改善後（「XD引取り物流」）、この部品メーカーは、ホンダの両生産拠点向けの部品を、自社が手配した車両で、寄居工場近傍の狭山XDに納入すればよく、狭山XDから両生産拠点への輸送はホンダが手配することとなった。部品メーカーの生産拠点からホンダの狭山XDまでは40kmのため、部品メーカーが手配する月間輸送量は8,000トンキロ（200トン×40km）となる。ここで積載量5.8トン/台（10トン/台×積載率58%）、所要時間80分とすると、走行時間は毎月23.0時間となる。同様に、狭山XDから鈴鹿XD（鈴鹿製作所近傍に立地）までは400kmのため、ホンダが手配する月間輸送量は40,000トンキロ（100トン×400km）となる（狭山XDから寄居工場、鈴鹿XDから鈴鹿製作所への輸送は考慮していない）。ここではダブル連結トラックが用いられ、積載量17トン/台（20トン/台×積載率85%）、所要時間330分とすると、走行時間は毎月32.4時間となる。これらの合計は55.4時間であり、労働生産性を1時間当たりのトンキロ（トンキロ/人・時）で表すと、794.2（44,000/55.4）となる。

　以上の簡単な試算からは、労働生産性が約3倍（794.2/255.6）に向上することが確認でき（表4-4）、これが「XD引取り物流」への転換効果といえる。

　このように、ホンダが主体的にXD間の幹線輸送に取り組むことで複数の部品メーカーの自動車部品の混載輸送が可能となり、その結果、ダブル連結トラックを積載率高く活用することができるようになった。なお、ホンダは、鈴鹿XD－熊本XD間では鉄道と船舶を用いており、狭山XD－鈴鹿XD間のダブル連結トラックは、鉄道や船舶の代替手段ともいえる。

　現在、ダブル連結トラックの運用が1日1台にとどまる要因に、JITを優先

表 4-4　物流生産性の改善

	輸送貨物量（トン）×輸送距離（km）	延べ走行時間（時間）	労働生産性（トンキロ /延べ走行時間）
改善前（お届け物流）	100 トン× 40km ＋ 100 トン× 420km＝ 46,000 トンキロ	39.2 時間＋ 146.8 時間＝ 186.0 時間	255.6
改善後（XD 引取り物流）	200 トン× 40km ＋ 100 トン× 400km＝ 44,000 トンキロ	23.0 時間＋ 32.4 時間＝ 55.4 時間	794.2

する生産計画（1 日の自動車生産に必要な部品の輸送が、1 日 1 回必要）がある。また、幹線輸送におけるダブル連結トラックの利用拡大にあたっては、上り便・下り便ごとに部品の混載を進めるだけでなく、輸送用治具（台車）、部品格納コンテナを標準化して、上り便・下り便のトラックスペースを多くの異なる部品メーカーの部品で埋められるように工夫していく必要がある。

(3) 物流事業者によるダブル連結トラックの活用事例

　ここでは、2 社の物流事業者によるダブル連結トラックの活用事例をみる。

　株式会社バンテックは、自動車メーカーの子会社として 1954 年の設立以来、国内外において自動車部品物流を担っている物流事業者である（2011 年から株式会社日立物流（現ロジスティード株式会社）のグループ会社）。バンテックが導入しているダブル連結トラックは 21m 車であり、2019 年 8 月に 2 セット導入している。その導入目的は、輸送の効率化、ドライバー不足への対応、CO_2 排出量の削減であり、現在は、静岡県内の拠点－京都府内の拠点間の幹線輸送において昼夜 2 便体制で運行されている。具体的には、愛知県内（日中は SA、夜間は自社営業所）でドライバーが乗り換える中継輸送を行っており、ドライバーの負担軽減（日帰り乗務）を実現している。

　日本梱包運輸倉庫株式会社（以下、日梱）は、1953 年の設立以来、国内外において四輪・二輪の完成車や部品物流を行っている物流事業者であり、上述したホンダの自動車部品輸送も担っている。日梱が導入しているダブル連結トラックも主に 21m 車であり、110 セット導入している。その導入目的は、輸送の効率化と CO_2 排出量の削減であり、現在は、図 4-5 に示す全国的な幹線輸送において、中継輸送に用いられている。たとえば、狭山営業所－鈴鹿営業所間の自動車部品輸送では、従来、大型トラックによる 1 泊 2 日の運行であったものを、ダブル連結トラックに切り替えると同時に、清水 PA または焼津営業所

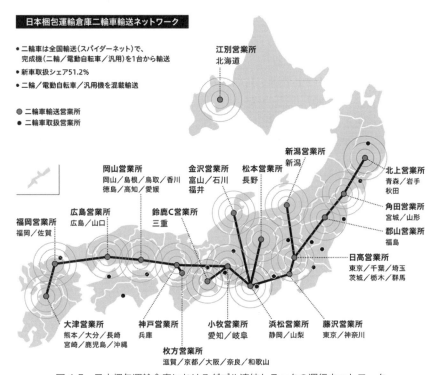

図4-5 日本梱包運輸倉庫におけるダブル連結トラックの運行ネットワーク
（出典：日本梱包運輸倉庫株式会社）

でドライバーが乗り換える中継輸送に変更し、ドライバーの日帰り乗務を実現
している。さらに、同様のダブル連結トラックと中継輸送の組み合わせにより、
宮城県から熊本県までの運行など、特徴的な輸送サービスを提供している。

4.4 ダブル連結トラックの活用の課題と対策

（1）特積運送における課題と対策

① 特積運送における課題

特積運送におけるダブル連結トラックの活用の主な課題としては、次の2点
が挙げられる。

第1が、B to B貨物にあわせて構築された既存の運行ネットワーク（集荷
から配送までの営業所等の構成とその間の運行車両・運行方法）である。タイ

プ1では、貨物量が直行便の運行には十分でないことを補うため、多店積み多店おろしの運行方法を採っている。そのため、幹線輸送部分でも、高速道路以外の走行が一定程度必要であり、ダブル連結トラックが活用しにくい。

これに対してタイプ2では、発地側の営業所と着地側の営業所の間にハブターミナル、メガターミナルを経由し、ターミナル間の貨物量を増やすことで、ダブル連結トラックが活用できている。ただし、ターミナルでのスペースの制約から、ダブル連結トラックが利用できる時間帯が限られるほか、昼便では貨物量が少なく、ダブル連結トラックが使用できていない。

なお、タイプ3では、営業所数がタイプ2より少なく、営業所ごとの発着貨物量が多いため、ハブターミナルを1か所経由する運行または営業所間の直行便といった、荷役回数の少ない運行ができており、ダブル連結トラックを活用するニーズは小さい。また、タイプ2とタイプ3では、運行の多くを協力会社が担っており、このこともダブル連結トラックの活用のハードルといえる。

第2が、荷役方法である。タイプ2では、荷役機器（ロールボックスパレット）を使用することで荷役時間を短縮化しているが、タイプ1とタイプ3では、取扱貨物がB to B貨物であり、荷姿がさまざまであるため、手荷役が一般的である。そのため、1台当たりの貨物量が増えると時間制約の充足が難しくなり、ダブル連結トラックが活用しにくい。

② 特積運送における対策

上述した阻害要因は、特積運送事業者がこれまで構築してきたビジネスモデルと、ダブル連結トラックという新たな輸送手段との間のミスマッチによるものである。それゆえ、ダブル連結トラックの活用に向けた対策としては、次の3点が挙げられる。

第1が、施設の更新等にあわせた営業所の移設と、それに応じた運行ネットワークの見直しである。運行ネットワークの見直しにあたっては、貨物量の増加が重要であり、その実現には事業者間連携の強化が重要である。これまでも、自社の営業エリア外への輸送では同業他社への再委託が行われてきている。しかし、たとえば外航海運におけるアライアンスのように、輸送手段の大型化がアライアンスの再編の原動力となっている事例もある。コンテナ船と貨物車という違いはあるものの、貨物車の大型化が事業者連携を推進する可能性は十分あるのではないだろうか。

第2が、荷役方法の変更である。ドライバー不足や労働時間の厳格化を踏ま

えると、荷役作業者の確保や荷役機器の導入等を通じた、ドライバーの負荷の低減、運転以外の作業時間の短縮が必要不可欠である。たとえば、タイプ1でロールボックスパレットの導入が容易でないならば、平パレットとウィング型のダブル連結トラックの組み合わせも考えられる。

　第3が、ダブル連結トラックにあわせた特殊車両通行許可制度のさらなる緩和である。現行のダブル連結トラックは、長さが緩和された一方で総重量が緩和されておらず、タイプ1にみられる重量勝ちの貨物を取り扱う事業者には導入のメリットが小さい。道路施設への負荷や交通安全の問題も考慮したうえで、さらなる規制緩和の検討が必要である。

(2) 自動車部品輸送における課題と対策

① 自動車部品輸送における課題

　自動車部品輸送では、従来から大型車（ウィング車）が利用されてきており、荷役はフォークリフトを用いた機械荷役であるため、特積運送のように荷役方法がダブル連結トラックの阻害要因とはなっていない。そのうえで、自動車部品輸送におけるダブル連結トラックの活用の主な課題としては、次の3点が挙げられる（表4-5）。

　第1に、施設に関する課題である。自社の営業所や荷主の施設におけるスペース制約のほか、SA・PAの混雑、SA・PAでの乗継可能性などについても検討が必要である。

　第2に、車両に関する課題である。全長21mのダブル連結トラックでは、車両価格は大型車2台分に相当し、必ずしも単車に比べて割安になるわけではない。また車検時等の代替車両の確保、重量物であるがゆえに重量勝ちで総重量の規制がネックとなっている。

　第3に、運行方法に関する課題である。ダブル連結トラックの運行にあたっては、ドライバーの確保や教育研修などの負担が大きいほか、荷主の理解、荷量の確保などが必要となる。

② 自動車部品輸送における対策

　自動車部品輸送におけるダブル連結トラックの活用に向けた対策としては、日梱の事例が参考になる。

　日梱では、自動車部品を中心に、二輪完成車、自転車、農機、汎用製品、住宅建材など、さまざまな貨物の輸送を行っている。そのなかで日梱では、2020

表 4-5　自動車部品輸送におけるダブル連結トラック導入上の課題

	課題点
施 設 （営業所、SA・PA）	・自社の営業所・荷主の施設の敷地が狭い（スペース制約） ・SA・PA の混雑（特に夜間：中継輸送に支障） ・SA・PA の駐車マスや車路が狭い ・SA・PA での乗継可能性（中継輸送には、上下線の SA・PA 間をドライバーが移動可能である必要があるが、可能な SA・PA が限定的。通行止め等によるルート変更時の乗継場所の決定にも影響）
車 両	・車両価格の負担（大型車 2 台分とほぼ同等であり、必ずしも費用低減につながらない） ・代替車両の確保（車検時、ドライバー欠勤時） ・一般的制限値（総重量、ただしトラクターのエンジン馬力向上が必須）
運行方法	・ドライバーの確保、時間管理 ・ドライバーの教育研修（免許取得制度の整備が必要であり、個社では負担大） ・荷主の理解（到着時刻の設定、運賃の調整） ・荷量の確保（トレーラー稼働率の平準化） ・特車許可の申請手続きが大変 ・都市高速の制限、一般道の走行困難 ・冬季の路面凍結や勾配のある区間での走行

年 4 月から、全国的な輸送ネットワークを活用した混載輸送サービス（N Logi）を開始し、幹線輸送におけるダブル連結トラックの積極的な活用に取り組んでいる。また、貨物量が少ない場合は、連結を切り離してトラクターのみを単車として運行するといった柔軟な運行を行っていることも、その特徴といえる。この事例からは、特定の荷主の貨物に限定せず、さまざまな荷主の、さまざまな区間の輸送を受注することを通じて、より高い積載率の混載を実現することが、ダブル連結トラックの活用においても重要だといえる。

4.5　ダブル連結トラックのさらなる活用に向けて

　本章では、特積運送と自動車部品輸送を取り上げ、事業者への調査を通じて、ダブル連結トラックの導入の課題と対策について整理した。

　ダブル連結トラックの活用にあたっては、発地から着地までの貨物量が多いことが必要条件となる。その点で、特積運送では、複数のターミナルを活用した幹線輸送が、自動車部品輸送では、XD を活用した「中継地混載」型の幹線輸送が共通する特徴として見いだせた。いずれの場合も、貨物量の確保を通じて積載率を向上させるとともに、特に貨物量の多い区間においてダブル連結トラックが導入できている。

　また、積替拠点における荷役作業の効率化も特徴として見いだされた。この

点について、特積運送ではロールボックスパレットが、自動車部品輸送では
フォークリフトが、それぞれ重要な役割を果たしている。

　今後、さらにダブル連結トラックの活用を進めるにあたっては、これらの対
策の進展が求められる。

【参考文献】

1) 味水佑毅，後藤孝夫，根本敏則，利部智「長距離トラック輸送の大型化の阻害要因〜特積
運送を例として〜」日本物流学会誌，2021，29，pp.165-172.

2) 味水佑毅，渡部大輔，後藤孝夫，根本敏則，利部智「ダブル連結トラックを用いた自動車
部品輸送における幹線輸送の効率化」日本物流学会誌，2022，30，pp.311-318.

3) 国土交通省総合政策局物流政策課「物流生産性向上に資する幹線輸送の効率化方策の手引
き」2021.
https://www.mlit.go.jp/seisakutokatsu/freight/content/001415371.pdf（2024.1.18 確認）

4) 根本敏則，今西芳一 編著『道路課金と交通マネジメント―維持更新時代の戦略的イノ
ベーション』成山堂書店，2017，pp.35-36.

5) 全日本トラック協会「日本のトラック輸送産業　現状と課題2023」，2023.

6) 熊本交通運輸「ダブル連結トラック導入による積載量・労働環境改善」物流効率化セミ
ナー資料，2021.

7) 渡部大輔「欧州における大容量貨物車の現状と我が国のダブル連結トラックの普及への示
唆」交通工学論文集，2021，7 (5)，pp.20-27.

8) 谷口栄一，根本敏則『シティロジスティクス』森北出版，2001，p.107.

9) 石原伸志，橋本雅隆，林克彦，根本敏則，小林二三夫，久米秀俊，稲葉順一「タイの日系
自動車メーカーにおけるミルクラン調達に関する一考察」日本物流学会誌，2001，16，
pp.161-168.

10) 根本敏則，橋本雅隆 編著『自動車部品調達システムの中国・ASEAN 展開―トヨタのグ
ローバル・ロジスティクス』中央経済社，2010，261p.

11) 岡山宏之「いすゞ自動車―調達物流」月刊ロジスティクス・ビジネス，2001，10 月号，
pp.54-57.

12) 田中彰夫「自動車業界における『取りに行く物流』」月刊ロジスティクス・ビジネス，
2003，5 月号，pp.14-19.

13) 野尻亘，兼子純，藤原武晴「JIT の視点からみた自動車部品の中・長距離物流における
サード・パーティー・ロジスティクスの役割」地理学評論，2012，85 (1)，pp.1-21.

第5章　ダブル連結トラックの導入と運用

5.1　ダブル連結トラックの導入と運用における課題

　昨今の物流業界では、少子高齢化や他産業と比較して低い新規就業者数などの影響によるドライバー不足が深刻化しており、輸送効率の向上が強く求められている。そのなかで幹線輸送や長距離輸送の効率を向上させる取組みのひとつとして、ダブル連結トラックが挙げられる。ダブル連結トラックとは、一般的な大型トラックにトレーラーを牽引させるような車両形体をしており、1台の運行で大型トラック約2台分の輸送が可能となる。

　全長21m超のダブル連結トラックは、大手の特別積合せ運送事業者（以下、特積事業者）や物流企業で導入が進められている。特殊車両通行許可台数については、図5-1のようにこの5年間で急増している。このようにダブル連結トラックの本格的な実用化が開始され、今後も一層の普及が予想される。

（1）導入費用

　一方、ダブル連結トラック導入の課題となるのが高額な車両購入費である。ダブル連結トラックは大型トラックの約2倍の積載量をもつが、車両購入費が約3倍と非常に高い。また、大型トラックと異なり、購入費以外にもさまざまなコストがかかる。たとえば、高速道路では特大車に分類されるため、大型車に分類される大型トラックよりも高速道路料金が高い。したがって、ダブル連結トラックの導入は企業にとって高額な投資であり、慎重にならざるを得ない。特に資本が小さい中小企業が購入することは困難であり、導入時の投資回収リスクが高いと考えられる。

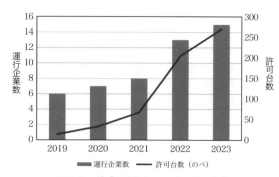

図 5-1　ダブル連結トラックの導入実績
（出典：国土交通省（2023）[1]をもとに筆者作成）

（2）荷役方法と運行ネットワーク

図 5-1 では、ダブル連結トラックの許可
台数に比べて、運行企業の数が大きく変化
していないことがわかる。この理出につい
ては、特積事業者へのインタビュー調査を
通じて、不特定多数の荷主を対象とした同
事業での導入は限定的であり、その阻害要

表 5-1　政府の補助金によるダブル
連結トラックの導入実績

年	採択件数（件）	台　数
2018	3	5
2019	5	20
2020	12	47
合計	20	72

（出典：西宮ら（2022）[2]）

因に既存の荷役方法と運行ネットワークがあることが明らかにされている[3]。

（3）共同輸送の必要性

ダブル連結トラックの活用による幹線輸送の大ロット化は、各事業者が単体
では導入することが難しいものの、複数企業による共同輸送を実施することで
さまざまなメリットを享受することが可能となると考えられる。

こうしたダブル連結トラックの導入促進のために、政府による補助金制度が
設けられた。具体的には、2018 年から 3 年間にわたって、環境省の「社会変
革と物流脱炭素化を同時実現する先進技術導入促進事業」により、ダブル連結
トラックの導入に対する補助金が公募により交付されてきた。その採択件数お
よび台数（2021 年 9 月調査時点）は表 5-1 のとおりとなっている。図 5-1 のよ
うな全体の導入台数に対しても大きな割合を占めていることがわかる。

そこで 5.2 では、特別積合せ貨物運送を想定したダブル連結トラック導入の
投資回収期間を指標とする回収期間法を用いて、ダブル連結トラックの車種毎
の経済性評価を行う。具体的には、大型トラックとダブル連結トラックの運行
コストを比較し、コスト削減や補助金の適用によって車両購入費が何年で回収
されるか計算する。

5.3 と 5.4 では、国内の先進事例の調査に基づき、共同輸送によるダブル連
結トラックの活用について現状把握を行い、共同輸送における運行形態の類型
化と物流拠点の立地に関する分析を行う。

5.2　ダブル連結トラックの経済性評価

（1）経済性評価モデル

①　モデルの概要

本節ではダブル連結トラック導入の経済性評価を行う際、高速通行料金など

を考慮したより現実的なモデルを構築することで、従来のトラックとダブル連結トラックの導入に対する人件費や運転区間などを設定した場合の経済性評価を行うこととする[2]。投資評価指標のひとつで、初期投資額がどの程度の期間の利益で埋め合わせできるか、つまり回収できるか評価していく「回収期間法」（Payback-method）を用いる。この手法は、投資評価方法のなかでも計算が簡単で理解しやすいといった利点がある。その一方で、プロジェクトがある程度の期間継続することを前提としており、プロジェクト自体のリスクは反映されていないなどの欠点もある。

　本モデルでは、大手特積事業者であるヤマト運輸株式会社を対象として、関東－関西間の2拠点間の幹線輸送における経済性評価を目的としている。大型トラックとダブル連結トラックの運行コストを比較し、それらの削減額によって、ダブル連結トラックの車両購入費が何年で回収されるか算出する。その際、大型トラックとダブル連結トラックはそれぞれ最大積載量（ロールボックスパレット（高さ2mのかご台車）の本数）が異なることから、積載率は100％と仮定したうえで、年間運行コストを年間輸送量で割ることで、単位輸送量当たりの運行コストに換算し比較を行う。初期投資額も同様に、単位輸送量当たりの車両購入費に換算し比較を行う。なお、運賃が不明で売り上げを算出することが不可能なため、毎年計上される利益は大型トラックとダブル連結トラックの運行コスト削減額とした。また、対象期間はトラックの平均使用期間である13年間を上限とする。

　②　回収期間法

　本モデルで用いる評価指標はNPV（Net Present Value：正味現在価値）と回収期間である[4]。投資プロジェクトでは、投資時点と投資資金の回収時点のタイミングが離れている場合がある。そのため、経済性を評価するには、現在と将来という異なる時点で発生する資金を同じ価値基準で比較する必要がある。その際に、割引率を用いてすべて現在の金額の価値（現在価値）に換算し、投資資金と将来見込まれる回収資金を比較する手法を正味現在価値（NPV）という。NPVは投資判断指標のひとつであり、任意の期間内に回収が見込まれる資金の合計金額から初期投資額を引いた差額で表される。よって、NPVが0以上のとき、投資プロジェクトが初期投資額以上の価値を生み出すことになり、投資が好機であることを示す。

　一方、回収期間とは、投資資金を投資によって発生する資金で回収するまで

にかかる期間のことである。回収期間が短いほど将来性に伴うリスクが小さくプロジェクトは優良であると判断される。本モデルでは、NPVが0になるまでの期間とすることで、金額の時間価値を考慮した「割引回収期間法」を用いる。

　回収期間の導出方法について、図5-2を用いて具体的に説明する。まず、NPVとして、各年度の利益（現在価値）を累積した曲線を描くことができる。回収期間は、0年度（初年度）での初期投資額が、各年度の利益により回収される（NPVが0になる）までの期間を表している。図中では、回収期間はNPVを表す曲線と横軸の交点となり、4年度にNPVが負から正に転じているので、回収期間は4年（厳密には3.5年）となる。

③　パラメータの設定

　運行コストは、特積運送事業者の2拠点間の運行を想定したものであり、1年間の総額である。運行コストを計算する際は、表5-2のとおりトラック運送における原価計算で考慮する項目[6]のなかでも主要な項目のみを対象とした。なお、全日本トラック協会による運送費用（平成30年度）の内訳[7]によると、人件費、燃料油脂費、通行料が全体の約7割を占めることから、本研究における運行コストはある程度説明力が高いと考えられる。人件費はドライバーの人

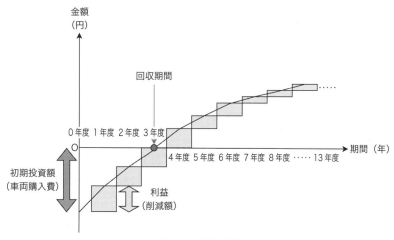

図5-2　回収期間法
（出典：西宮（2021）[5]）

表 5-2　トラック運送における原価計算の項目との対比

	原価計算の項目
本モデルで考慮	燃料費、通行料、車両費、運転者人件費
考慮せず	油脂費、尿素水費、タイヤチューブ費、車検整備費、一般修理費、車両の税金・車両保険費、間接費

（出典：西宮ら（2022）[4]）

件費を想定しており、労働時間と時給によって求まる。労働時間は、出発地から目的地までの所要時間で、運転時間と休憩時間が含まれ、荷役時間は除く。また、前提として車両 1 台につきドライバーは 1 人乗車とする。

　高速道路料金については、車種区分ごとの ETC を利用した料金を調査し、それらに中日本高速道路の 2 種類の割引制度を適用させる。深夜時間帯（0 〜 4 時）を走行する車両については深夜割引を適用させる。また、すべての車両について大口・多頻度割引のうち、車両単位割引の ETC2.0 を搭載した事業用車両に限り適用される割引率を適用させる。

　NPV を算出する際に、現在価値に換算するための割引率は WACC（Weighted Average Cost of Capital：加重平均資本コスト）を用いる[4]。WACC とは、投資資金を株式と負債によって調達する際に、株主と債権者のそれぞれの要求収益率について調達比率による加重平均をとった値である。割引率に WACC を用いることで、市場および企業のリスクや節税効果を反映した投資リスクの評価が可能となる。

　④　対象とする車種

　対象車種は大型トラックとダブル連結トラックとして全長 19m、21m、25m フルトレーラー（以下、フルトレ）を対象として、25m フルトレに補助金制度（環境省「社会変革と物流脱炭素化を同時実現する先進技術導入促進事業」）を考慮した 2 車種を含む合計 6 車種とする（表 5-3）。最大積載量の基準は、ロールボックスパレットの本数としている。車両購入費および燃費は、ヤマト運輸へのヒアリング調査（2018 年 5 月実施）をもとに車種ごとに仮定した数値を使用する。また、25m フルトレの車両購入費に対する補助金の交付額は、2018 年度と 2019 年度（以下、補 19）が車両購入費の 3 分の 1、2020 年度（以下、補 20）がダブル連結トラック（積載量が大型トラック 2 台分に相当）と大型トラック 2 台分の購入金額の差額の 2 分の 1 である。

表 5-3 分析対象の車種一覧

車　種	車両購入費 (万円)	燃　費 (km/L)	最大積載量 (本)	車種区分
大型トラック	1,200	4.26	18	大型
19m フルトレ	2,160	3.55	26	特大
21m フルトレ	2,280	3.28	32	特大
25m フルトレ	3,480	2.66	38	特大
25m フルトレ補 19[*1]	2,320	2.66	38	特大
25m フルトレ補 20[*2]	2,940	2.66	38	特大

＊1　25m フルトレに 2018 年度と 2019 年度補助金を適用
＊2　25m フルトレに 2020 年度補助金を適用

（出典：西宮ら（2022）[2]）

（2）分析結果

① 単位積載量当たりの運行コスト

各車種の単位積載量当たり（パレット 1 本当たり）の運行コストの内訳を図 5-3 に示す。

ダブル連結トラックは大型トラックと比較してドライバー時給が高く、燃費が悪いため 1 台の走行にかかる人件費、燃料費は高くなるが、単位積載量当たりでみると人件費と燃料費は大型トラックより小さい。また高速道路料金についても同様に、19m フルトレ以外のダブル連結トラックは単位積載量当たりでは大型トラックより低い水準にある。

② NPV の推移

各車種の 13 年間の NPV の推移は図 5-4 のとおりである。なお、車両の平均耐用年数を 13 年間としており、回収期間は NPV の推移と 0 の基準線との交点である。まず、19m フルトレについて、13 年間で車両購入費を回収できておらず、NPV がプラスに転じていない。また、21m フルトレと 25m フルトレを比較すると、約 6 年目までは 21m フルトレの方が NPV は大きいが、長期的にみると 25m フルトレの方が大きくなる。

③ 回収期間

各車種の回収期間は表 5-4 のとおりである。21m フルトレと 25m フルトレは約 4 年半で回収できているのに対し、19m フルトレは 13 年以内に回収できていない。また、25m フルトレに補助金を適用させた場合、補 19 による交付額では約 2 年、補 20 による交付額では約 1 年短縮されている。

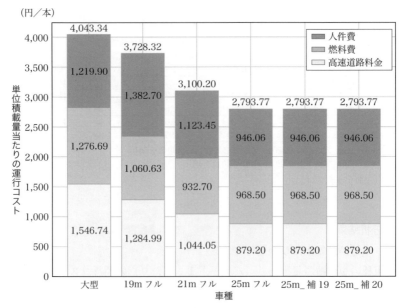

図 5-3　各車種の単位積載量当たりの運行コスト

（出典：西宮ら（2022）[2)]）

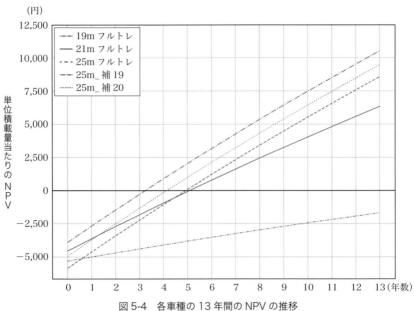

図 5-4　各車種の 13 年間の NPV の推移

（出典：西宮ら（2022）[2)]）

④　車種による違いの考察

19m フルトレについては、13 年以内の回収は不可能であり、車両耐用年数である 13 年間の NPV はマイナスであった。これは、運行コストの増加分に対して、積載量の増加分が十分でないことが要因と考えられる。一方で 13 年間の NPV が最も大きくなるのは 25m フルトレであり、さらに補助金制度を適用させることで回収期間は 1 ～ 2 年程度短縮された。よって補助金制度を活用する意義は大きいと考えられる。

特積事業者のビジネスモデルごとの運行形態については、事業者へのヒアリング調査をもとに表 5-5 のように分類されている。今回対象としたヤマト運輸は、数か所のハブターミナル間で高頻度幹線輸送を行っており、本モデルは、②企業－消費者間物流を扱う事業者に適用できると考える。

5.3　ダブル連結トラックを用いた共同輸送の運行形態

(1) 共同輸送のメリット

ダブル連結トラックを活用した幹線輸送を対象とした共同輸送として、表 5-6 のように、特積事業者による取組みとともに、荷主と物流企業など複数業種の企業による取組みが進められている。物流共同化の一種である共同輸送は、荷主と物流事業者などが協力し、異なる企業の貨物を積み合わせて輸送することであり、稼働率向上（荷量増大）、積載率向上（さまざまな貨物の混載）、実車率向上（帰り荷確保）などの効果が期待されている。

物流共同化における近年の傾向として、ドライバー不足に対応した共同輸送や業界を超えた取組

表 5-4　各車種の回収期間

車　種	回収期間（年）
19m フルトレ	13.93
21m フルトレ	4.56
25m フルトレ	4.57
25m 補 19	3.01
25m 補 20	3.84

（出典：西宮ら（2022）[2]）

表 5-5　ビジネスモデルごとの運行形態

分　類	運行形態
①　企業間物流が主体	荷姿が多様で手荷役が主流なため、荷役回数の少ない多店積み多店おろしの運行形態が多い。
②　企業－消費者間物流が主体	荷姿が標準的で荷役機器が使用可能なため、各営業所からハブターミナルへと貨物を集約し、大型車に積み替えることで、数か所のハブターミナル間の高頻度幹線輸送を行っている。
③　①と②を同程度扱う	幹線輸送と直行便を貨物量に応じて使い分けている。

（出典：味水ら（2021）[3]）

表 5-6　ダブル連結トラックを用いた共同輸送

方　式	特積事業者	荷主との連携
参加企業数	物流企業（特積事業者）4 社	15 社（荷主 6 社、物流企業 6 社、他）
開始年月	2019 年 3 月	2019 年 12 月
運行区間	厚木（神奈川）－茨木（大阪）	相模原（神奈川）－西宮（大阪）
車体形式	バンボディ	ウィングボディ
中継輸送	実施せず	豊田（愛知）

（出典：渡部ら（2022）[8]）

みに増加傾向が見られている。さらに、国による物流共同化に対する支援とし
て、「流通業務の総合化及び効率化の促進に関する法律」（以下、物流総合効率
化法）の改正（2016 年）に伴い、荷主と物流企業等の連携による物流共同化
に対しても認定対象が広げられた。特に幹線輸送における物流共同化につい
て、モーダルシフトに対しては鉄道や船舶の輸送能力に限界があることから、
ダブル連結トラックや中継輸送などトラック輸送の効率的な活用が挙げられて
いる。

(2) ダブル連結トラックを用いた共同輸送に関する導入事例

① 特積事業者による取組み

　2019 年 3 月より、物流総合効率化法の認定を受け、特積事業者 4 社による
関東－関西間を結ぶ宅配貨物等の幹線輸送における共同輸送が開始された。運
行形態については、図 5-5 のように関東・関西ともにヤマト運輸株式会社の
「ゲートウェイ」と呼ばれる物流拠点間でトラクター・トレーラーを連結した
状態で運用されている。ゲートウェイの機能としては、幹線輸送におけるト
レーラー連結・解除拠点であるとともに、ヤマト運輸にとっては端末輸送によ
る集荷や配送との結節点となっている。トラクターは共同輸送各社が 6 セット
（西濃運輸株式会社、日本通運株式会社、日本郵便株式会社各社 2 台）、トレー
ラーはヤマト運輸が 6 セットを用意しており、図 5-6 のように前後で異なる企
業の車両を連結している。前後ともバンボディのため後部のみ扉があることか
ら、トラクターを連結したままでは荷役を行うことができない。運行ダイヤグ
ラムは、夜間とともに昼間便が設定されていることが特徴である。運行実績
（2019 年 4 月）に基づく幹線輸送の省人化・効率化に関する導入効果として、
運行台数 50％削減であり、ほぼ計画どおりとなっている。

　運行当初は左右方向の車両のふらつきが生じるといった走行安定性の課題が

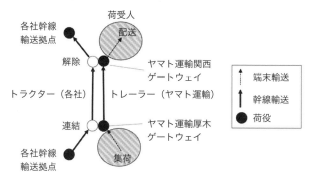

図 5-5　共同輸送での運行形態（特積事業者）
（出典：渡部ら（2022）[8]）

図 5-6　特積事業者による共同輸送

あったが、前方のトラクター側の貨物を満載として後方のトレーラー側よりも重くなるように調整することで解決された。このようにトラクターとトレーラーの連結に際して、前後の重量配分に配慮が必要となる。

② 荷主との連携による取組み

　トラックメーカーの日野自動車株式会社が主体となって 2018 年 6 月に新会社 NEXT Logistics Japan 株式会社（以下、NLJ）が設立された。ドライバー・車両・荷物情報の 3 つの情報を高度に活用した安心・安全な物流環境および高積載率の実現とともに、隊列走行やロードトレイン（ダブル連結トラック）による高効率大量輸送の実現を目指したプラットフォーム構築を行っている。運行形態としては、図 5-7 ①のように、ダブル連結トラックは「クロスドック」と呼ばれる物流拠点を結ぶ幹線区間のみをトラクター・トレーラーを連結した

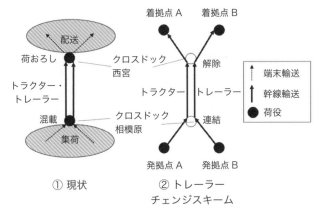

① 現状　　　　② トレーラー
　　　　　　　　　チェンジスキーム

図 5-7　共同輸送での運行形態（荷主との連携）
（出典：渡部ら（2022）[8]）

図 5-8　前後・上下の貨物の混載

状態で往復する。クロスドックとは、荷主各社からの貨物を幹線輸送に用いる
ダブル連結トラックに混載（積み替え）・荷おろしをする拠点である。
　端末輸送による集荷と配送については、荷主各社が輸送を手配することとな
る。車体は前後とも図 5-8 のようなウィングボディとなっており、フォークリ

フトなどを用いて荷役を迅速に行うことが可能となる。そのため、トラクターとトレーラーを連結したままで荷役ができることから、上述の事例と異なり、連結・解除のためのスペースと手間が不要となることが特徴である。

　事業開始から1年間の成果として、幹線輸送の省人化・効率化に関して、運送人員（ドライバー人数）46％削減という大きな成果を上げている。今後も、参加各社が持つそれぞれの知見・ノウハウの融合により、運送人員を6分の1、CO_2排出量ゼロを目標としている。

　本共同輸送の実施に伴い積載率が平均で60％となり、これまでの積載率40％のトラック3台分の荷物を運ぶことに相当する成果を得られた。一方、関東発と関西発における貨物量のアンバランス（片荷）が生じないために、業種・業態を超えて束ねて多様な貨物を運ぶことで、帰り荷の安定的な確保が可能となる。その際、異なる荷主間で出荷のタイミングを調整することが重要となる。

　さらに共同輸送における貨物の混載に関する対策としては、①荷主間でバラバラであった荷姿（特に高さ）の調整、②デッキラックやボックスパレットの利用による段積、③バラ荷のパレタイズがなされた。とりわけ、積載貨物のデータベース化を通じて、貨物の容量・重量などを含めた正確な荷姿を考慮した上で、最適な積み付けを行うことが可能となった。

　新たな運行形態として、NLJでは「トレーラーチェンジスキーム」と呼んでいる「車両連結方式」による運用が行われている。この形態は、図5-7②のように、クロスドックにおいて連結・解除のみ（前後）を実施することから、上述と同様の運行形態といえる。つまり、「車両連結方式」は今後の共同輸送における主流として普及する可能性が高いことがわかる。

(3) ダブル連結トラックを用いた共同輸送における運行形態の類型化

　これまでに事例に基づいた一般化として、表5-7のような下記の2つのタイプに類型化する。ダブル連結トラックへの貨物積載の形態は図5-9、車両運行の形態は図5-10のようにまとめることができる。

表 5-7　事例に基づいた共同輸送の運行形態の類型化

輸送方式	概　要	メリット
車両連結型	拠点でトレーラーや後続トラック等の連結・解除をする	迅速性：連結・解除作業のみで完了（連結作業：10 数分）
貨物混載型	拠点に荷捌場を設けて、積替・混載を行う	積載率向上：クロスドック機能により同一方面の貨物混載

(出典：渡部ら（2022）[8]）

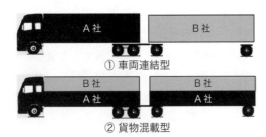

① 車両連結型

② 貨物混載型

図 5-9　共同輸送での貨物積載の類型化
(出典：渡部ら（2022）[8]）

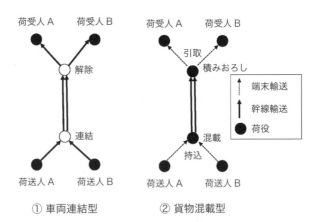

① 車両連結型　　② 貨物混載型

図 5-10　共同輸送での車両運行の類型化
(出典：渡部ら（2022）[8]）

5.4　ダブル連結トラックを用いた共同輸送のための物流拠点の立地

（1）高速道路との接続形態に基づく物流拠点の立地形態

　高速道路の本線上および SA・PA などの休憩施設においては、連結・解除や

貨物の混載などの各種作業を行うことができない。これは、道路交通法に基づき道路使用許可が必要な行為に当たるからである。そこで、ダブル連結トラックにおける幹線輸送の効率的な運行では、連結・解除や貨物混載などの共同利用の物流拠点を高速道路上の SA・PA あるいはインターチェンジ（IC）に連結あるいは近傍に立地させることが必要となる。そこで、高速道路との接続形態に関係する3つの制度に基づき、共同輸送のための物流拠点の立地形態について考察する。

① SA・PA の敷地内または連結した利便施設

2005 年に道路法など関連法規が改正され、道路管理者等の許可を受けて高速道路に連結することができる施設等に関する規定等が整備された。連結の対象施設として物流施設が含まれており、SA・PA の駐車場等とともに高速道路本線に直接連結することも可能となっている。

事業形態としては図 5-11 のように、高速道路から当該施設を介して一般道路への車両の出入りが可能である「開放型」と、できない「閉鎖型」に分類されている。開放型であれば、ダブル連結トラックは連結した状態で、一般道を走行することなく、高速道路に直接出入りすることが可能となる。閉鎖型は、

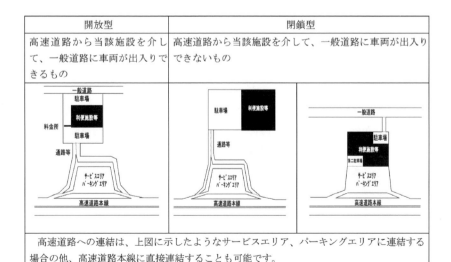

図 5-11　SA・PA の敷地内または連結した利便施設の事業形態

（出典：国土交通省（2013）[9]）

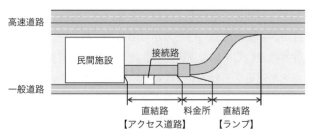

図 5-12　民間施設直結スマート IC
（出典：国土交通省（2019）[10]）

高速道路上を走行するダブル連結トラックのみを対象とした運用となることから、利用対象が限定的になる。

②　民間施設直結スマート IC

高速道路と近傍に位置する大規模な物流拠点や工業団地、商業施設等の民間施設を直結する IC で、民間企業の発意と負担により整備することが可能である。費用分担として図 5-12 のように、直結路（アクセス道路、ランプ）の整備費用は民間施設管理者が負担したうえで、地方公共団体に無償譲渡し、地方公共団体が維持管理することとなっている。これにより、①で述べた開放型と同様の機能を有することとなり、ダブル連結トラックは連結した状態で、一般道を走行することなく、高速道路に直接出入りすることが可能となる。

③　高速道路の一時退出制度による道路外の施設利用

一時退出制度とは、ETC2.0 搭載車を対象として、高速道路を降りて対象の道の駅に立ち寄った後、一定時間以内に再進入した場合、降りずに利用した料金のままとする「賢い料金」を実施する制度である。2017 年 5 月より IC 3 か所での試行が始まり、2018 年 3 月より全国の IC 20 か所で本格的な導入がなされ、2020 年 3 月より一時退出可能時間が 1 時間から 3 時間へ延長された。

対象となる施設について、IC に近接した各社の物流拠点、トラックステーション、トラックターミナルをはじめとする各種の物流施設などに拡大することで、高速道路、一般道を通行するトラックを対象とした共同利用の物流拠点としての利用が可能となる。一方、最寄りの IC から当該拠点までの一般道を走行するために、特殊車両通行許可を事前に得ておく必要がある。

④　各立地形態のまとめ

以上の 3 つの高速道路との接続形態に基づく共同利用の物流拠点の立地形態

表 5-8 物流拠点の立地形態による接続可能な道路

項　目		高速道路	一般道路
① SA・PA の敷地内または連結した利便施設	開放型	○	○
	閉鎖型	○	×
② 民間施設直結スマート IC		○	○
③ 高速道路の一時退出制度による道路外の施設利用		×	○

（出典：渡部ら（2022）[2]）

に対して、表 5-8 のように接続可能となる道路の比較ができる。短期的には、現状の物流拠点を活用できるという意味で③一時退出制度が最も適しており、既存の SA・PA を活用した① SA・PA 閉鎖型の整備も想定される。一方、長期的には、一般道との接続を考慮した汎用的な運用が可能となるため、① SA・PA 開放型あるいは②民間施設直結スマート IC が適していると考えられる。

(2) 共同輸送のための物流拠点の機能
① 施設面での機能

連結・解除スペースや貨物混載を中心とした物流拠点に必要な機能を表 5-9 のようにまとめることができる。

5.3 でのダブル連結トラックを用いた共同輸送の議論において、共同輸送の形態として「車両連結型」と「貨物混載型」に分類しており、本節でも同様の輸送方式を想定する。主に必要な機能として、車両連結型ではトレーラー連結・解除（前後のマッチング、前：重量貨物、後：軽量貨物）、貨物混載型ではクロスドック機能が必要である。

クロスドック機能では、荷室有効活用のための積み付け最適化（上下のマッチング、上：軽量貨物、下：重量貨物）のために、積替機能（地域ごとに仕分けし積み替えて発送）と混載機能（小口貨物を取りまとめてロット貨物に仕立てる、もしくは仕分ける）を有することとなる。

なお、一般的な物流施設との違いとしては、保管機能や流通加工機能は含まれていないことが挙げられる。また中継輸送におけるドライバー交替地点としても活用する場合は、高速道路直結としたうえで、高速道路の上下線で近接して立地することが望ましい。

② ソフト面での機能

共同輸送を実施するうえで、配置すべき人員として、ドライバーとともに荷

表 5-9　共同輸送における連結・解除スペースに必要な機能

輸送方式	概　要	メリット	注意点	立　地
車両連結型	拠点でトレーラーを連結・解除する方式	迅速性：連結・解除作業のみで完了（ダブル連結トラック：10数分）	・拠点はトラクター・トレーラーの駐車とともに、連結器（脱着式ドーリー）の保管ができる十分な敷地スペースが必要 ・ヘッドとシャーシが連結可能かどうか事前に確認しておくことが必要（共通の隊列システムの確認）	高速道路連結が主体
貨物混載型	拠点に荷捌場を設けて、積替え・混載を行う方式	積載率向上：クロスドック機能により同一方面の貨物混載	・十分な荷捌・仮置スペースと設備（屋根やフォークリフト）が必要 ・貨物のサイズ・重量など事前情報により積み付け計画を事前に立案することが必要 ・荷役作業員の確保が必要、荷役コストが発生 ・荷役作業時間短縮するための方策が必要 ・荷崩れ事故などの防止のための貨物の積載状況や固縛方法の取り決めが必要 ・段積みのための治具が必要	高速道路外が主体

（出典：渡部ら（2022）[2]）

表 5-10　共同輸送における運行管理システムの機能構成

機　能	概　要
車両マッチング	・経路情報（運行スケジュール） ・荷室情報（積載容量、積み付け情報） ・連結可能な組み合わせ（トラクター・トレーラー、トラック隊列） ・ドライバー情報
貨物マッチング	・貨物OD（発着地点、サイズ・重量、リードタイム） ・混載可能な組み合わせ（種類、荷姿） ※車両連結型では不要な機能
運行管理	・経路管理（位置情報、遅延情報） ・車両状態管理（連結、維持、解除） ・緊急事態対応指示
情報共有機能	・物流企業（車両）、荷主（貨物）、道路管理者など ・課金・決済機能 ・共同輸送による利益配分機能

（出典：各種資料をもとに筆者作成）

役作業員が必要であるかを検討する。事前計画として、車両連結型では車両単位、貨物混載型では貨物単位での情報共有とマッチングができていれば、より効率的な運用ができ、拠点でのトラック滞在時間が最小化できて、結果として必要な駐車スペースの面積なども縮小できることとなる。

　今後のシステムに関する展開として、高速道路を中心とした駐車場予約システムとの連携を含め、求車求貨マッチングやトラック隊列走行の隊列運行管理を参考にすることで、表5-10のような運行管理システムを構築することが可能となる。

　さらに将来的には、現在開発が進められている物流・商流データプラットフォームやトラックデータ連携を活用することで、荷主と物流企業など関連する企業間の情報共有体制を構築したうえで、利益配分を含めたマッチングや運行スケジュール調整などが可能となることが期待できる。

5.5　ダブル連結トラックの重要性

　本節では、ダブル連結トラックの導入と運用の議論を目的として、経済性評価と共同輸送の重要性について確認した。

　まず、ダブル連結トラックの導入に際してコスト面での検討を行うため、特積事業者におけるダブル連結トラック導入の経済性評価モデルを構築した。モデルでは回収期間法を用いることで、投資回収リスクに着目した評価を行うことができた。また、実際の走行データから実務に近い運行条件を設定し、補助金を考慮したトレーラー車種ごとのシナリオ分析を行った。その結果、車両の平均耐用年数である13年間の正味現在価値が最も大きくなるのは25mフルトレーラーであり、さらに補助金制度を適用させることで回収期間は1～2年程度短縮された。これより、補助金制度を活用する意義は大きいものの、補助金がなくても十分に導入効果は大きいことがわかる。

　そして、ダブル連結トラックに関する共同輸送などの国内の先進事例の調査に基づき現状把握を行い、共同輸送の運行形態を類型化し、必要となる物流拠点の機能を検討した。共同輸送の際、前後と上下の貨物の組み合わせを考慮し、走行安定性を確保して積載率を向上させることが可能となり、共同輸送による輸送効率化に関する効果は大きいことを確認した。そのうえで、共同輸送の運行形態を車両連結型と貨物混載型の2つに類型化した。前者では車両の連結・解除のためのスペース、後者ではクロスドック機能が必要であることを確認した。今回は主にダブル連結トラックを対象として検討を行ったが、トラック隊列走行や自動運転トラックとも共用可能である機能が多くあることから、長期的な実現可能性について検討する必要がある。

【参考文献】
1) 国土交通省「社会資本整備審議会道路分科会基本政策部会　第 23 回物流小委員会」配布資料，2023.
2) 西宮悠生，渡部大輔，兵藤哲朗「回収期間法を用いたダブル連結トラック導入の経済性評価」日本物流学会誌，2022，30，pp.195-202.
3) 味水佑毅，根本敏則，後藤孝夫，利部智「長距離トラック輸送の大型化の阻害要因：特積運送を例として」日本物流学会誌，2021，29，pp.165-172.
4) 井上光太郎，高橋大志，池田直史『ファイナンス』中央経済社，2020，272p..
5) 西宮悠生「回収期間法を用いたダブル連結トラック導入の経済性評価」東京海洋大学海洋工学部流通情報工学科 2020 年度卒業論文，2021.
6) 国土交通省「原価計算の活用に向けて―トラック運送業の生産性向上に係る補正予算事業」，2016.
7) 全日本トラック協会「日本のトラック輸送産業 現状と課題 2020」，2020.
8) 渡部大輔，平田輝満，兵藤哲朗「幹線輸送におけるダブル連結トラックを用いた共同輸送の運行形態と物流拠点の機能に関する研究」日本物流学会誌，2022，30，pp.203-210.
9) 国土交通省，日本高速道路保有・債務返済機構「高速道路利便施設の連結実施要領」，2013.
10) 国土交通省道路局「民間施設直結スマートインターチェンジ制度実施要綱」，2017.
国土交通省道路局「民間施設直結スマートインターチェンジ」，
https://www.mlit.go.jp/road/sisaku/smart_ic/directpfic.html（2023.12.20 確認）

第 2 部

高速道路 SA・PA の混雑緩和の実現方策

第6章　NEXCO による SA・PA の利便性向上策

6.1　SA・PA における駐車場の混雑問題

　近年、トラックドライバーの労働環境改善のため、ドライバーの労働時間が厳格に管理されるようになり、確実な休憩・休息機会の確保が求められている。トラックドライバーが休憩・休息を行うための施設は、物流インフラのひとつであり、その代表例が高速道路の SA・PA である。

　しかし、SA・PA では現在、混雑が顕著となっている。その一因として、商業施設の充実も指摘されているが、問題となっているのは、夜間時間帯の大型車駐車場における混雑である。これは、大型車の需要が供給量にあたる駐車マス数を上回っているために生じていると考えられる。NEXCO 各社（東日本高速道路株式会社、中日本高速道路株式会社、西日本高速道路株式会社）では、この供給量にあたる駐車マスを拡充するための取組みなどを進めている。詳しくは 6.3 で述べることとし、まずは、現在の混雑状況等から説明する。

(1) SA・PA の混雑状況

　図 6-1 は、海老名 SA（上り）において各時間帯に駐車している台数と、その時間帯に駐車している車の駐車時間を示したものである。たとえば、23 時台には、駐車時間が 8 時間以上の車両が約 7 割を占めていることがわかる。このように、駐車場の混雑状況を語るうえでは、駐車マスの数と駐車時間の関係をみる必要がある。つまり、1 台の駐車時間が 1 時間の場合と 8 時間の場合では、同じ 1 台でも駐車マスを占有する時間が異なるため、駐車時間が長いほど混雑への影響が大きくなる。これを全時間帯における駐車時間別の割合でみたものが、図 6-2 である。駐車時間が 8 時間以上の車両の台数比率は全体の 7%にすぎないが、時間占有比率（駐車台数と時間の積分値に対する駐車時間別台数の割合）では、約 6 割を占めており、この長時間駐車が混雑の要因と考えられる。

　図 6-1 と同じ観点で、全国の主要な SA・PA について示したものが図 6-3 である。夜間時間帯を中心に、駐車マス数を上回る駐車が生じているとともに、8 時間以上の長時間駐車もかなり生じていることがわかる。さらに、東名高速

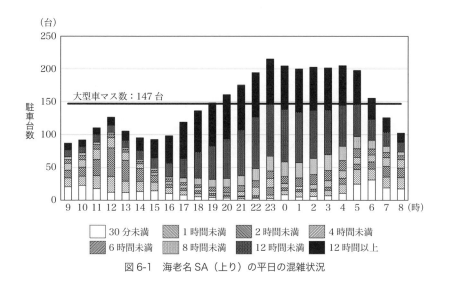

図 6-1 海老名 SA（上り）の平日の混雑状況

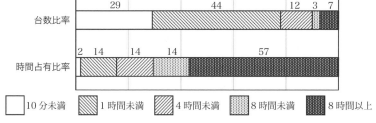

図 6-2 海老名 SA（上り）駐車時間別の割合

　道路、新東名高速道路の SA・PA（上り）について、SA・PA がある位置の順に並べて比較したものが、図 6-4 である。駐車時間が 8 時間以上の割合が、首都圏に近くなるほど高くなっている。このことから、首都圏に近いエリアになるほど、長時間駐車の問題が深刻であることがわかる。

　このように、大型車の長時間駐車は全国的にみられ、かつ大都市圏などに近いほど、その傾向が顕著になっている。そして、その傾向がおおむね混雑状況と同様一致しており、現在の課題となっている。

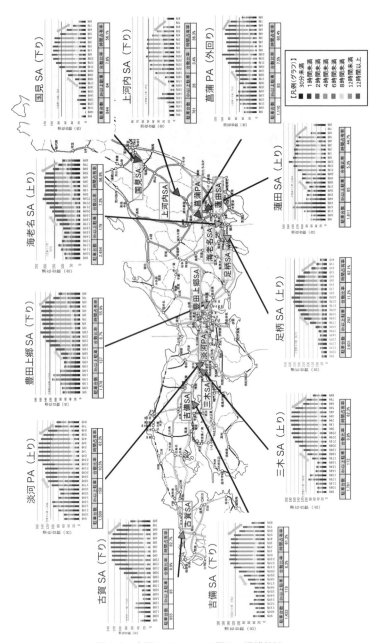

図 6-3　全国の SA・PA の平日の混雑状況

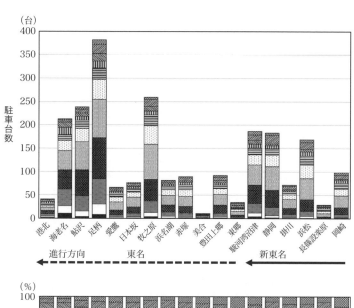

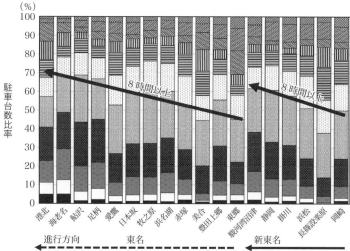

駐車時間区分
☒ 30 分未満　　　　　　　　　☒ 30 分以上〜 1 時間未満　　　　☒ 1 時間以上〜 2 時間未満
☒ 2 時間以上〜 4 時間未満　　　■ 4 時間以上〜 6 時間未満　　　□ 6 時間以上〜 8 時間未満
☒ 8 時間以上〜 10 時間未満　　■ 10 時間以上〜 12 時間未満　　■ 12 時間以上〜 14 時間未満
□ 14 時間以上〜 16 時間未満　　■ 16 時間以上

2022 年 4 月 1 日〜30 日　平日（23 時）ETC/FF アンテナ通信履歴データ

図 6-4　東名・新東名（上り）における駐車時間別駐車台数と比率

(2) SA・PA に求められる機能の変化

　SA・PA は本来、ドライバーや同乗者が休憩を取ることで安全な走行に寄与するほか、食事をしたり買い物をしたり、またトイレに寄るなどのための機能を持っている。しかし、駐車場の混雑により、思うように駐車できていない実態も見えてきている。この需要そのものが増えている状況を踏まえ、NEXCO 3 社では、さらに詳細に使われ方を確認した。

　図 6-5 は、2022 年 5 月に東名高速道路の港北 PA から足柄 SA までの 5 エリア（いずれも上り）でトラックドライバーに行ったアンケート結果（430 サンプル）を示している。これによると、休憩時間が長時間となる理由として、36％が「法定上の休憩・休息」と回答している。また、図 6-6 に示すとおり、当該回答をした人の約 3 割が 10 時間以上駐車しているとの回答であった。つまり、トラックドライバーにも労働時間の厳守については浸透している一方

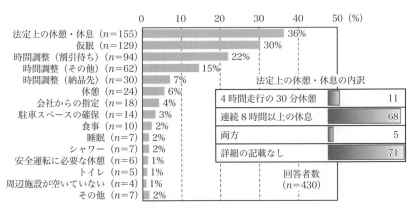

図 6-5　休憩時間が長時間となる理由についてのアンケート結果

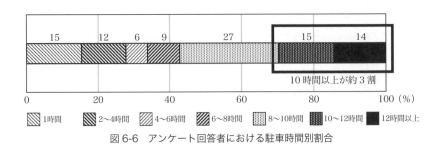

図 6-6　アンケート回答者における駐車時間別割合

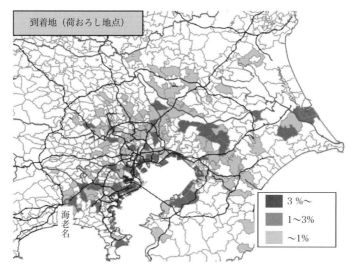

図 6-7　海老名 SA（上り）で 8 時間以上駐車している車両の荷おろし地点
（巻頭口絵 10 参照）

で、法令では休息は 8 時間以上とされているなか、何らかの要因で、法令で定められた時間以上の休憩・休息をとっている可能性が考えられる。

　図 6-7（口絵 10）は、海老名 SA（上り）で 8 時間以上駐車している車両の荷おろし地点を、商用車プローブデータを用いて把握したものである。ここからは、関東臨海部の物流施設や工場が多いエリアに点在して

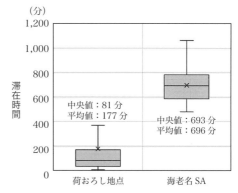

図 6-8　荷おろし地点と海老名 SA での滞在時間の比較

いることがわかる。この荷おろし地点と海老名 SA での滞在時間を比較すると、図 6-8 のとおり、海老名 SA での滞在時間は中央値で 693 分であるのに対し、荷おろし地点での滞在時間は 80 分程度となっている。この両箇所の滞在時間には明らかに差異があり、かつ海老名 SA から荷おろし地点までの距離が短い

表 6-1　海老名 IC から流入し海老名 SA を 8 時間以上、かつ 4 回以上／月利用している車両の運行パターン

車　両	利用回数	入口 IC 名　称	入口 IC 時間帯	差(分)	海老名 SA（上り）駐車時間(分)	差(分)	出口 IC 名　称	出口 IC 時間帯	差(分)
No.1	4		9:36 〜 9:42	6	1,068 〜 1,071	3	綾瀬	3:33 〜 3:37	4
No.2	4		1:52 〜 2:11	19	722 〜 772	50	東京	14:37 〜 15:13	36
No.3	8		6:04 〜 7:31	87	1,000 〜 1,089	89	綾瀬	0:16 〜 0:27	11
No.4	4		10:05 〜 10:15	10	526 〜 565	39	横浜町田	19:14 〜 19:45	31
No.5	4		9:18 〜 9:51	33	991 〜 1,012	21	綾瀬	2:02 〜 2:39	37
No.6	5		9:05 〜 9:58	53	984 〜 1,030	46	綾瀬	2:14 〜 2:38	24
No.7	4	海老名	9:08 〜 9:59	51	977 〜 1,041	64	綾瀬	2:23 〜 2:40	17
No.8	4		1:35 〜 2:12	37	641 〜 794	153	東京	13:00 〜 15:13	133
No.9	4		8:52 〜 9:31	39	695 〜 729	34	横浜青葉	20:46 〜 21:55	69
No.10	4		10:01 〜 10:15	14	523 〜 537	14	横浜青葉	19:18 〜 19:19	1
No.11	4		4:02 〜 4:09	7	707 〜 718	11	綾瀬	16:01 〜 16:07	6
No.12	5		9:16 〜 9:58	42	993 〜 1,021	28	綾瀬	2:23 〜 2:41	18
No.13	4		8:52 〜 10:42	110	583 〜 685	102	横浜青葉	20:12 〜 21:13	61
No.14	7		10:40 〜 10:55	15	508 〜 531	23	横浜町田	19:23 〜 19:53	30
平均	4.6			37		48			34

　ことを踏まえると、荷おろし地点での滞在時間を短くするために、近傍の海老名 SA で待機しているものと推察される。

　また、海老名 SA（上り）に 8 時間以上駐車している車両を、高速道路への流入 IC 別に集計すると、圏央道の海老名 IC や東名高速道路の厚木 IC が上位となっている。これらの IC は海老名 SA に近い位置にあることから、高速道路を短距離しか利用しないにもかかわらず、長時間駐車している実態を示している。

　たとえば、2022 年 4 月のデータで、海老名 IC から流入し海老名 SA で 8 時間以上駐車している車両を抽出すると、同一 IC 間を 4 回／月以上利用している車両は 14 台あったが、高速道路に入る時刻と出る時刻をみると、表 6-1 に示すとおりおおむね決まった時刻に出入している。このことは、定められた運行計画のもとで長時間駐車が行われている可能性を示唆している。

　さらに、これらの影響により、本来長距離利用で休憩や休息が必要であるにもかかわらず、休憩機会を逸失している実態もみられる。SA の入口と出口につけた ETC の通信記録から分析すると、海老名 SA（上り）は、図 6-9 のとおり 5 分未満の立ち寄りが終日にわたり一定数あり、特に混雑する時間帯に多くなっている。このことから、駐車場の混雑により駐車ができずに海老名 SA か

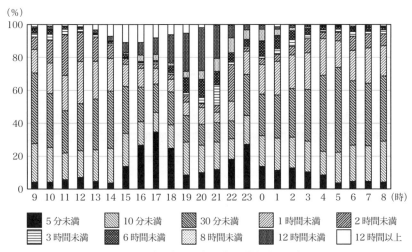

図 6-9　海老名 SA（上り）の滞在時間比率

（出典：NEXCO 中日本）

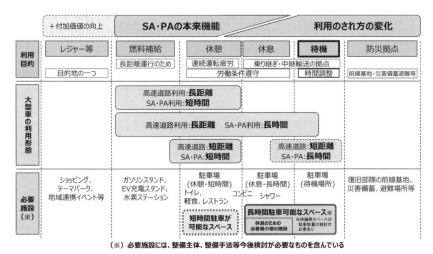

図 6-10　SA・PA の利用形態と機能の変化（概念図）

ら流出する割合が増加していると推察される。

　本来 SA・PA は、連続運転で疲労したドライバーに休憩やサービスを提供するための施設と位置付けられ、「休息」や時間調整のための「待機」は想定されていなかった。そのため、それらの目的に対応した駐車スペースは SA・PA の整備の際に考慮されていなかった。しかし近年では、トラックドライバーの「休息」が増加するとともに労働関係法規においても重視される傾向にある。特に 2024 年度からは時間外労働の上限規制が適用されることから、今後はさらに休憩・休息の需要が高まると考えられる。また、時間調整のための「待機」についても企業間の商取引を背景としてニーズが高まってきている。そのために必要な機能として、駐車機会を確保するため短時間駐車が可能なスペースや、休息・待機のための長時間駐車が可能なスペースが必要と考えられ、図 6-10 のような概念図で整理される。

6.2　SA・PA における駐車場設計の基本的な考え方

　本節では、SA・PA の駐車場設計がどのような考え方で行われているかについて解説する。高速道路は各種の基準類に基づき設計がされているが、SA・PA の駐車場も例外ではなく、統一的な設計を行うための設計要領がある。この設計要領には、SA・PA の配置計画や、基本的なレイアウト、駐車場の規模、また駐車場の勾配や駐車マスの大きさ等について定められている。

(1) 駐車マス数の算定方法

　設計要領では、駐車マス数の決定にあたり、本線の交通量や SA・PA の立寄率等を係数として求めることとしている。

駐車マス数＝設計交通量×立寄率×ピーク率 / 回転率

設計交通量：開通 10 年後における年間 365 日のうちの上位 10％、すなわち 35 番目程
　　　　　　度の交通量
立寄率：SA・PA への立寄台数（台 / 日）/ 本線交通量（台 / 日）
ピーク率（ラッシュ率）：ピーク時立寄台数（台 / 時）/ 立寄台数（台 / 日）
回転率：1（時）/ 平均駐車時間（時）

　これらの係数は、これまで過去の調査結果をもとに標準的な基準値を設けていたが、6.1 で説明したように、SA・PA の利用実態は、その機能とともに変化しており、それに伴ってこれらの係数の値も変化してきている。

　たとえば、平均駐車時間では、これまで SA の大型貨物車で 30 分を用いていた。これが現状と合わなくなっていることは、6.1 で説明したとおりである。そのため現在では、利用実態に応じた値を用いて算定することとしている。

(2) 駐車場のレイアウト

　SA・PA の駐車場では、多くの利用者が駐車場内を歩くことが多いが、大型車は小型車に比べて車両側部や後部に対する視認性が悪く人身事故の発生も懸念される。そのため、小型車と大型車の駐車エリアを分離して、駐車場を配置することが多い。また同様の理由で、大型車はバックの際の後方確認も小型車に比べると行いにくいことから、前進駐車前進発車を原則として設計されている。SA・PA の駐車場は、駐車マスを斜めに配することが多いが、前進駐車前進発車の場合には、駐車マスの前後には通路を設ける必要がある。この通路幅は、車両の回転半径の関係で、駐車マスを直角に近くするほど広くすることが必要であり、斜めにするほど狭くすることができる。実際には、それぞれの敷地の形状を踏まえて、最も効率的となるレイアウトを採用しているが、最近では、駐車場の混雑対策として、この通路の数や面積をできるだけ少なくしようとする取組みも始まっている。

6.3　SA・PA に関わるこれまでの取組み

(1) レイアウトの見直し等による駐車マス拡充

①　レイアウトの見直し

　駐車マスが不足している現状に対し、NEXCO 3 社では駐車スペースを確保すべく、2017 年度末〜 2022 年度末の 5 年間で、約 26,800 台から約 3,000 台分（約 11%）を拡充整備した。拡充の取組みにおいて、SA・PA の敷地面積の拡大（追加での土地の購入や高速道路区域の追加等）は容易ではない。そのため、SA・PA の敷地内におけるレイアウトの見直しや利用可能な空きスペースの活用により、駐車マス数を増加させている。

　一例として、2022 年 3 月 31 日に駐車マス拡充が完了した東名高速道路の足柄 SA（上り）の例を図 6-11（口絵 11）に示す。拡充前後の駐車マス数は表 6-2 のとおりである。この対策により大型車駐車可能台数は、269 台から 352 台へと 83 台分増加し、混雑の軽減に寄与している。

工事前

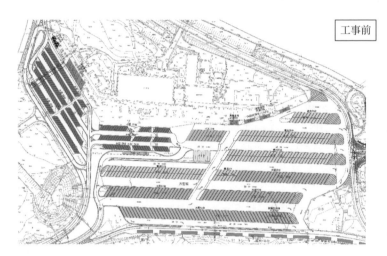

工事後

小型中型兼用マス化

小型中型兼用マス化

バスマスを増設

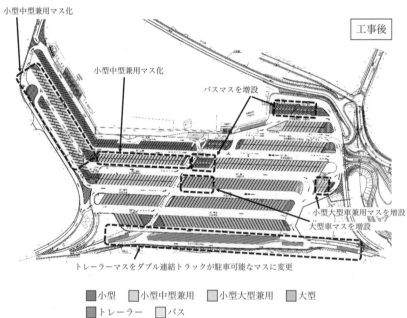

小型大型車兼用マスを増設
大型車マスを増設

トレーラーマスをダブル連結トラックが駐車可能なマスに変更

■小型　□小型中型兼用　□小型大型兼用　■大型
■トレーラー　□バス
■障がい者専用マス　□二輪車

図 6-11　足柄 SA（上り）の工事前後のレイアウト図
（巻頭口絵 11 参照）

表6-2 足柄SA（上り）の駐車マス数

	足柄SA（東京方面）		
	工事前	工事後	増　減
小型車マス*1	223	166	−57
	［431］	［516］	［+85］
小型中型兼用マス	0	72	72
小型大型兼用マス	104	103	−1
大型車マス	143	142	−1
トレーラーマス*2	11	13	2
（ダブル連結トラック優先駐車マス）	0	(5)	(+5)
（ダブル連結トラック予約駐車マス）	0	(1)	(+1)
バスマス	11	22	11
大型車駐車可能台数*3	269	352	83
二輪車マス	10	45	35
障がい者専用マス（小型車）	8	8	0
障がい者専用マス（大型車）	3	3	0

＊1　［　］内の数字は兼用マスを含んだ台数（兼用マス1台当たり小型車2台分としてカウント）
＊2　トレーラーマスには、ダブル連結トラック優先駐車マスを含む。
＊3　大型車駐車可能台数には、中型車マスを含む。

② 兼用マスの導入

表6-2にも示す取組みのひとつとして、図6-12に示す「兼用マス」の導入も進められている。これまでNEXCOでは、休日昼間の小型車が混雑しているときに、大型車の1つの駐車マスに小型車を2台駐車させる小型大型兼用マスを整備してい

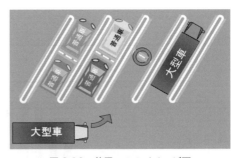

図6-12　兼用マスのイメージ図

た。それに対し最近の駐車マスの拡充では、小型車エリアに小型中型兼用マスを設け、夜間の空いている時間帯に中型車を小型車エリアに駐車させることで、大型車の駐車可能台数を増加させる取組みを行っている。

足柄SA（上り）の事例でいえば、小型車エリアであった場所のレイアウトも一体的に変更して、小型中型兼用マスを導入している。

③ 駐車マス拡充の効果

図6-13、図6-14は、足柄SA（上り）の駐車マス拡充前後の状況を示したものである。駐車マス拡充前の2016年と比較すると、駐車マス数を駐車台数が

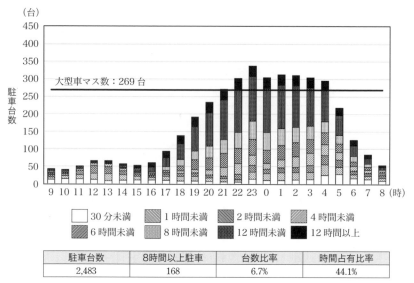

駐車台数	8時間以上駐車	台数比率	時間占有比率
2,483	168	6.7%	44.1%

図 6-13　足柄 SA（上り）の大型車混雑度（2016 年）

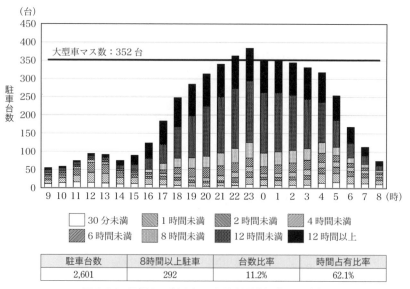

駐車台数	8時間以上駐車	台数比率	時間占有比率
2,601	292	11.2%	62.1%

図 6-14　足柄 SA（上り）の大型車混雑度（2022 年）

超えている時間帯はあるものの、その時間は短くなり改善されている。その一方で、駐車時間が 8 時間以上の車両については、駐車台数比率が 5％増加し、時間占有比率は 44％から 62％と増加しており、駐車需要そのものが増加しているために混雑解消には至っていないことがわかる。

　このように、駐車マス拡充は、混雑問題の軽減に一定の効果をみせているものの、さらなる駐車需要の増加もあり、混雑の解消には至っていない。これは全国的にも同様の傾向となっている。駐車マスをめぐる問題は、物流を取り巻く環境の経年的な変化などを含め、物流インフラとして高速道路の SA・PA における大きな課題となっていると考えられる。

(2) 車両大型化への対応

　トラックドライバーの不足が進行するなか、労働生産性の向上や働き方の改善を推進するため、1 台で通常の大型トラック 2 台分の輸送が可能なダブル連結トラックの導入が進められている。2022 年 11 月には、対象路線の拡充が国土交通省から発表され[1]、ダブル連結トラックの走行可能区間は 5,140km となった。これを受け、NEXCO 各社では、トレーラー用の駐車マスを拡げ、ダブル連結トラックが駐車できるスペースの確保に取り組んでいる。たとえば、足柄 SA（上り）の事例では、これまで縦列に駐車していた全長 19m のトレーラー駐車マスを、本線と SA の間のスペースを活用して配列を工夫することで、全長 26m の駐車マスに改良し、表 6-2 に示す 6 台分を増加させた。

　さらに、ダブル連結トラックは最大で全長 25m あり回転半径が大きいため、空き駐車スペースを探して SA・PA 内を自由に走行することは困難である。そのため、駐車場が混雑しているときでも確実に駐車できる仕組みとして、足柄 SA（上り）、静岡 SA（上り、下り）、土山 SA（上り、下り）に、図 6-15 に示す予約システムを導入した実証実験が進められている。この予約システムは、インターネットで予約を行うもので、ETC2.0 の通信機器によって、予約車両か否かが判別される。

　また、東京と大阪の中間地点にあたる静岡県浜松市にある浜松いなさ IC の料金所外側の事業用地を活用し、図 6-16 に示すダブル連結トラック専用の路外駐車場が整備され、2021 年 4 月より運用が開始されている。この駐車場は、現況では 10 台／日程度の予約状況ではあるものの、将来のダブル連結トラックの普及を見越し、30 台の車両が駐車できる広さが確保されている。なお、

図6-15　駐車場予約システム（静岡SA（上り））

図6-16　浜松いなさ IC 路外駐車場

この駐車場は料金所外側にあるため、実証実験として、高速道路を降りずに利用した料金を適用する、一時退出と同様の措置の対象とされている。

ダブル連結トラックをはじめとする車両の大型化は、物流の効率化の面からも、今後さらに進むものと考えられる。一方で、敷地面積が限られているなかで、車両の大型化への対応と、駐車マスの数はトレードオフの関係にもある。そのため、大型化した車両が確実に駐車できる駐車マスの確保は、今後の重要な課題のひとつといえる。

図6-17　コネクトエリア浜松の中継輸送イメージ

（3）トラックドライバーの働き方改革への対応

幹線輸送を担うトラックドライバーは、長距離の泊付移動など長時間拘束を余儀なくされ、労働環境としては厳しい。これがドライバー不足の要因ともなってきた。この問題に対し、NEXCO 中日本は、遠州トラック株式会社と共同で浜松 SA（下り）の隣接地に中継輸送拠点「コネクトエリア浜松」を整備し、2018 年 9 月より事業を開始している。コネクトエリア浜松は、東京と大阪の中間地点に位置するため、ドライバーの交替に便利である。また、図 6-17 に示すようなトラクターヘッドの交換により、中継輸送を可能にするインフラ側からの取組みであり、労働環境の改善に加え、車両の稼働率向上や燃料費（環境負荷）軽減など物流事業者にもメリットが大きいと考えられる。

（4）満空情報の提供

　SA・PAの駐車場は広いため、駐車マスの空き状況がわかりにくい。そのため、奥側は空いているのに駐車されないといった非効率な状態が起こりやすい。そこで、図6-18のようにレーンごとの満空情報の提供を通じた、駐車の効率性を高める取組みが行われている。

　また、満空情報の提供は、各SA・PAの混雑状況の平準化を図ることにも有効である。具体的には、図6-19のように、本線上にはその先の駐車場の混雑状況を示す情報板を設置するとともに、スマートフォンやインターネット、カーナビ画面で確認できる対応が進められている。さらにジャンクションの手前での東名高速道路と新東名高速道路の2ルートの選択が可能な地点においては、図6-20に示す両ルートのSA・PAの混雑状況が確認できる情報板が整備されている。

図6-18　駐車場内の満空情報板

図6-19　情報板およびウェブサイトでの混雑情報の提供

（5）駐車マナーへの対応

　NEXCO 各 社 で は、SA・PA の駐車場の混雑に関し、図6-21 に示すような動画や、SA・PA 内に設置したインフォメーションボードなどを通じて、長時間駐車の抑制や、車種ごとに決められた場所での駐車といった駐車マナーの喚起に関する取組みも行っている。

　大型トラックの駐車マナーに関連し、バス用の駐車場についても触れておくこととする。図 6-22 に示すとおり高速バスは、低運賃や各種の運賃割引、高速道路のネットワーク化などを背景として増加傾向にある。

　高速道路の SA・PA には、トラックやトレーラー以外にバス

図 6-20　ジャンクション手前に整備した情報板

図 6-21　駐車マナーに関する啓発動画

図 6-22　高速バスの輸送人員および運行系統数の推移

（出典：国土交通省）

用の駐車マスもあるが、バスは一度に多くの乗客が乗降し、駐車場内を歩くことになるため、交通安全上の観点から、トイレや飲食店等がある施設建物に近い位置に設置されているケースが多い。また、他の車両が駐車しないよう、図6-23に示すラバーコーンを置くなどの対策も実施されている。

図6-23　ラバーコーンによる対策
（静岡SA（上り））

しかし、ラバーコーンなどは容易に移動でき、また施設建物に近いため、バス用の駐車マスにトラックが駐車してしまうといった問題が生じている。実際に、図6-24のように、夜間の大型車が多い時間帯には、バス駐車マスがトラックで埋め尽くされるといった現状となっている。

図6-24　バス用の駐車マスに駐車する大型車
（浜松SA（上り））

この問題に対し、NEXCO中日本では、生活道路での導入事例があるライジングボラードに着目し、図6-25に示す、バスが来たときにだけボラードが自動的に下がって駐車できる仕組

図6-25　ライジングボラードを用いたバス用の
駐車マス（浜松SA（上り））

みを提案し、自動的かつ物理的に駐車できる車両を限定する手法の検証を進めている。

6.4　SA・PAの新たな取組み

(1) 予約・時間限定などの取組みの実践

　これまでのとおり、高速道路のSA・PAの大型車駐車場は、全国的に混雑している状況である。この背景には、改善基準告示の改正等により、トラックドライバーの拘束時間や休息時間の時間管理が厳格化され、従来の利用形態である「休憩」に加え、「休息」の需要が増加していることなどが考えられる。

　NEXCO各社では、これまで進めてきた駐車マス拡充等の取組みに加えて、今後は、既設SA・PAの敷地外の活用、車種や駐車時間に着目した対策、有料化や予約といった付加価値の活用への検討が行われている。

　たとえば、豊橋PA（下り）では、ドライバーの確実な休憩・休息機会の確保を目的に、駐車場予約システムを用いた社会実験が行われている（図6-26）。この実験では、空予約や予約に対して利用時間が極端に短いなどの事例も見られたことから、適正な予約と分散駐車を促すため、一部時間帯を有料とする実験を2021年5月より進めている。この有料社会実験では、全体の利用は減少したものの、継続して利用しているユーザーもいる。

　また、2023年秋からは、大型車駐車マスの一部を60分以内の駐車とする「短時間限定駐車マス」として整備し運用する実証実験が行われている（図6-27）。これは、混雑によりドライバーが本来の休憩機会を逸失している現状を踏まえ、確実に駐車できるという付加価値を提供する取組みである。この取組みは、確実な駐車機会の確保を目的としており、供給量の増加を目的としていた従来の駐車マス拡充の取組みとは対照的である。なお、長時間駐車を余儀なくされる車両については、都市近郊以外の比較的空いているSA・PAを利用するようになることも期待されており、実証実験における今後の検証と、それを踏まえたさらなる取組みが待たれる。

(2) 有料化の検討

　上述したように豊橋PA（下り）で有料化の社会実験が進められているが、有料化については、交通経済学における混雑料金の理論から説明することができる。すなわち、道路利用者は、自らの認識する費用（私的限界費用）に基づいて意思決定を行うため、他の道路利用者に及ぼす混雑の影響を考慮した場合（社会的限界費用による意思決定）に比べて交通量が過大となり、社会的余剰

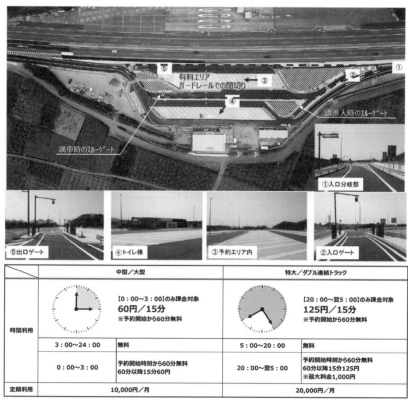

	中型／大型		特大／ダブル連結トラック	
時間利用		【0：00～3：00】のみ課金対象 **60円／15分** ※予約開始から60分無料		【20：00～翌5：00】のみ課金対象 **125円／15分** ※予約開始から60分無料
	3：00～24：00	無料	5：00～20：00	無料
	0：00～3：00	予約開始時刻から60分無料 60分以降15分60円	20：00～翌5：00	予約開始時刻から60分無料 60分以降15分125円 ※最大料金1,000円
定期利用	10,000円／月		20,000円／月	

図 6-26　豊橋 PA（下り）での社会実験概要
（出典：NEXCO 中日本ウェブサイト）

が減少するというものである。この場合、私的限界費用曲線が需要曲線と社会的限界費用曲線の交点を通過するように上方シフトさせることが必要であり、その手段が混雑料金である。

　SA・PA の混雑問題の場合、SA・PA の利用に要する費用（進入から退出までの SA・PA 内の走行費用と駐車マスの探索

図 6-27　足柄 SA（上り）の短時間限定駐車マス

費用）が私的限界費用に該当する。なお、SA・PAが混雑するにつれて走行速度が低下し、また駐車マスの探索が難しくなるため、私的限界費用は駐車台数が増加するにしたがって上昇する。また、駐車マス外も含めすべての駐車可能場所に車両が駐車している場合には、それ以上駐車可能場所を探索することが不可能となり、垂直に上昇する。

　以上の考え方を図示したものが図6-28である。SA・PAの利用が無料のとき、駐車需要曲線と私的限界費用曲線は点Aで交わり、このときの駐車台数はQ_Aである。それに対して、駐車需要曲線と社会的限界費用曲線が交わる点Bが社会的に望ましい均衡点となり（駐車台数はQ_B）、私的限界費用曲線が点Bを通過するように上方シフトさせる混雑料金（有料化の金額）が必要となる。

　なお、図6-28では、駐車マス数を「基本駐車容量」、ピーク時における駐車マス外の駐車可能数を含む最大値を「最大駐車容量」、駐車断念車両も含め、本来駐車を希望していたすべての車両が駐車できる数を「必要駐車容量」と位置付けている。

　この有料化の金額の推定については、慎重な検討が求められるが、足柄SA（上り）を対象とした試算例を紹介する[2]。

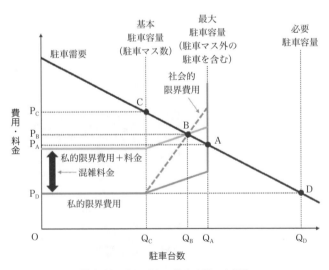

図6-28　SA・PAの駐車空間の有料化

　足柄 SA（上り）の大型車用の「基本駐車容量」（駐車マス数）は 352 台である。これに対して、「最大駐車容量」は 2023 年 8 月の SA・PA の利用データ（ETC/FF データ）を用いた分析から 418 台（平日 23 時の駐車台数）であり、「基本駐車容量」より約 60 台多いことがわかる。また、「必要駐車容量」は、10 分未満で退出した車両を駐車断念した車両と捉え、同じく SA・PA の利用データを用いて推計すると 598 台となり、「最大駐車容量」よりさらに 180 台多いことがわかる。

　味水ら（2023）[2] では、SA・PA を休息目的で利用している貸切便事業者を対象として、混雑時間帯のみ 1 時間 100 円（最初の 1 時間は無料）の条件で、「有料化に対する意識」と「有料化による行動変容」を明らかにしている。

　アンケート調査の結果からは、有料化への賛成割合が 1 割程度にとどまり、特に休息が必要な場合に有料化への抵抗が大きいことがうかがえる。このことは、図 6-10 で示した、休息・待機のための長時間駐車が可能なスペースの必要性を示しているといえる。

　また、有料化時における運行計画の変更内容に基づき、有料化時の SA・PA の利用意向を推計した結果からは、1 時間につき 100 円の有料化のもとでの利用台数は 144 〜 215 台となり、「基本駐車容量」と比べてとても少ない。なお、直線の需要曲線を想定すれば、駐車台数が「基本駐車容量」と「最大駐車容量」に等しくなる料金額が推計でき、前者は 54 〜 64 円、後者は 40 〜 47 円となる。以上の結果はあくまでも試算例ではあるものの、今後、有料化の方法と水準を検討していくことが望まれる。

（3）今後求められる新たな対策

　以上では、予約と時間限定に関する 2 つの事例をみるとともに、有料化についての検討を行ったが、今後求められる新たな対策には、制度の変更や運用上の課題解決が必要なものも多く含まれる。そのため、それぞれの対策に応じた進め方の検討や、財源の確保と負担のあり方の検討を行っていく必要がある。

　また、高速道路が社会的ニーズに対応した進化・改良をしていくためには、利用者のニーズや物流事業における課題、技術革新や環境改善、産業政策の中で SA・PA が求められる機能などを考慮し、適時適切な対策が必要と考えられる。

　社会インフラは短期間で整備できるものではない。そのため、定期的な調査

やモニタリングにより社会的ニーズの変化を捉え、適時適切な対策を行って、高速道路を進化・改良させていくことが重要である。また、トラックドライバーには適正な利用をいただくよう積極的な情報発信を行い、本来の機能を損なわず、新たな社会的要請に対応できるよう、荷主や物流事業者、関係機関と連携して取り組むことが求められている。

【参考文献】
1) 国土交通省道路局「「ダブル連結トラック」の対象路線を拡充」，2022.
　　https://www.mlit.go.jp/report/press/road01_hh_001603.html（2024.1.12 確認）
2) 味水佑毅，後藤孝夫，根本敏則，利部智「高速道路SA・PAの混雑対策としての有料化～貸切便トラック事業者を対象としたアンケート調査を通じて～」第40回日本物流学会全国大会研究報告集，2023，pp.129-132.
3) 日本高速道路保有・債務返済機構「高速道路SA・PAにおける利便性向上の方向性 中間とりまとめの概要」高速道路と自動車，2023，66 (7)，pp.29-33.
　　https://www.jehdra.go.jp/torikumi/ribenseikoujyou.html（2024.1.12 確認）
4) 高速道路調査会「高速道路等における大型車長時間駐車対策に関する調査研究委員会　中間報告書」，2023.
　　https://www.express-highway.or.jp/Portals/0/images/research/document/02_R4cyoujikanhonpen.pdf（2024.1.12 確認）
5) 上水一路「NEXCO中日本における休憩施設の駐車マスの拡充」道路，2023，981，pp.18-21.
6) 花田大輝，上水一路，山本隆「休憩施設における大型車駐車エリアの混雑対策の取組み」交通工学，2023，58 (1)，pp.44-47.
7) 東日本高速道路株式会社，中日本高速道路株式会社，西日本高速道路株式会社「休憩施設における大型車駐車マス拡充の取組みについて」，2023.
　　https://www.c-nexco.co.jp/corporate/pressroom/news_release/5720.html（2024.1.12 確認）
8) 林修平，木村秀之「中継輸送による物流業界の働き方改革を支援」交通工学，2020，55 (2)，pp.17-20.
9) 山本隆，宮本宏隆，馬屋原敦，竹澤弘平，森北一光，伊藤義道「休憩施設におけるバス駐車マスの利用実態とライジングボラードを活用したバス専用化に関する研究」交通工学論文集，2022，8 (2)，pp.15-20.
10) 東日本高速道路株式会社，中日本高速道路株式会社，西日本高速道路株式会社「高速道路SA・PAにおける利便性向上の取組み／大型車ドライバーのより確実な"休憩"機会を確保する実証実験を今秋から順次開始します～大型車駐車マスの一部を『短時間限定駐車マス』として11箇所整備～」，2023.
11) 山本隆「物流インフラの拡充の意義と課題─高速道路のSA・PAに今後求められる計画論─」計画行政，2023，46 (3)，pp.9-14.

第7章　ETC/FF データからみた SA・PA の現状と課題

7.1　高速道路 SA・PA の問題点

　ダブル連結トラックなど、大型車両を効率的に運用するためには、改善基準告示の下で、可能な限り運転時間を延ばす必要がある。たとえば、4時間連続運転の後は、原則30分休憩が必要なので、この休憩を効率的に確保しなければならない。しかし休憩確保のための SA・PA 駐車施設が満車の場合、改善基準告示に従った時間確保がままならず、大型車であるために休憩行為が大きな制約条件となってしまう。

　本章では、高速道路の SA・PA においてどのような混雑現象が生じているのか、その原因を探るとともに、解決策についても考察する。

7.2　ETC/FF データによる実態把握

　ETC/FF（Free Flow）データは、SA・PA の入口と出口に ETC アンテナを配し、個々の車両の利用特性を正確に捕捉することができるデータである。表7-1で確認できるとおり、SA・PA の流出入時刻のみならず、高速道路 IC の出入り時刻なども把握できる。今回は中日本高速道路株式会社（NEXCO 中日本）の図7-1の合計9つの SA・PA（港北、海老名、中井、鮎沢、足柄、愛鷹、富士川、日本坂、牧之原）の上り下り別データを用いる。

　まず、これらの SA・PA の ETC/FF データの基礎分析を進めるうちに判明した主な事実は以下のとおりであった。

① 高速道路 SA・PA の大型車用の駐車マス（わが国の高速道路の車種分類のうち、中型車・大型車・特大車専用のマスで以降「大型車マス」と称する）が混雑するのは平日の深夜であり、平日の昼間や土日は混雑することは稀である。

② 深夜の混雑も大都市に向かうほど激しくなる傾向にある。

③ 時々0～4時の深夜割引待ちのトラックが SA・PA で数多く時間調整している姿が報道されることがあるが、その割合は多くなく、むしろこれらの車両が問題となるのは0時直前の料金所前のノロノロ走行である。

ここでは分析対象の SA・PA のなかでも特に混雑が激しい足柄 SA を例に、

表 7-1　ETC/FF データの項目

項目名	例
SA・PA 名	海老名
SA・PA	SA
上下線	下り線
流入時間	2019 年 11 月 1 日 0:29
流出時間	2019 年 11 月 1 日 0:56
流入日	2019 年 11 月 1 日
平　休	平日
曜　日	金
流入時	0
滞在時間分	27
滞在時間分類	20 分以上 30 分未満
登録車番	ABCDEFGH
課金車種	大型車
通行料金	12,530 円
路線バス	バス
車種コード	営バス②
2 車種区分	大型
乗車定員	42 人
入口料金所番号	1101
入口路線	東名高速道路
入口料金所	東京本線
入口料金所時刻	2019 年 11 月 1 日 0:13
入口から SA・PA 分	16
出口料金所番号	1215
出口路線	名神高速道路
出口料金所	吹田
出口料金所時刻	2019 年 11 月 1 日 6:53

その問題を紹介する。取り上げるデータはコロナ禍前の 2019 年 12 月 2 日（月）
〜 12 月 8 日（日）の 1 週間の大型車マスの駐車実績で、その結果を図 7-2、
7-3 に示す。図の横破線は大型車マスの数（容量）である。

　図より、時間当たりの駐車台数は平日の深夜にピークを迎えるが、特に上り
SA では容量の 2 倍程度の車両が駐車していることがわかる。驚くべきことに、
深夜の駐車車両の半分以上が 8 時間以上の長時間駐車で占められている。なぜ
このような長時間駐車を行うのであろうか。考察を加えるために、8 時間以上
の駐車車両だけを取り上げ、横軸に足柄 SA（上り）に流入した時刻を、縦軸
に流出した時刻を設定し、散布図を作成してみた（図 7-4、口絵 12）。すると、
15 〜 19 時頃に SA に流入し、4 〜 7 時に流出する車両が多いことがわかる。
さらに、高速道路を出た IC を調べてみると、厚木 IC や横浜町田 IC から流出
する車両が多かった。これが意味することは、長時間駐車は着荷主施設への到

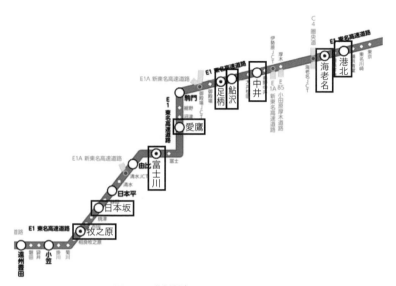

図 7-1 分析対象の SA・PA の配置図

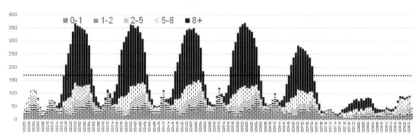

図 7-2 足柄 SA の大型車の時間当たりの駐車台数（上り）

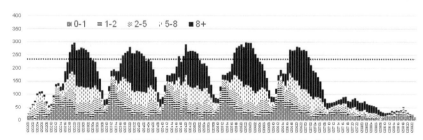

図 7-3 足柄 SA の大型車の時間当たりの駐車台数（下り）

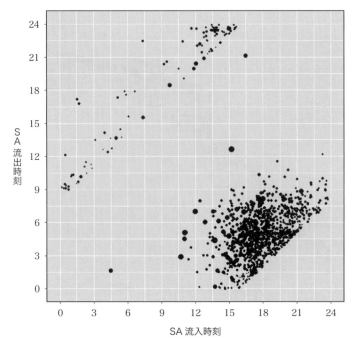

図 7-4　足柄 SA の流入時刻と流出時刻の関係（8 時間以上駐車の大型車）
(巻頭口絵 12 参照)

着時刻の調整行為である可能性が高いことである。これらへの対応策について
は次節で考察することにする。

　さて、筆者らも参加した「高速道路 SA・PA における利便性向上に関する検
討会」の 2023 年 2 月の「中間とりまとめ（参考資料）」では、山陽道下りの山
口県から福岡市に至る区間で、「都市近郊部において、深夜時間帯に 5 分未満
の短時間立寄車両が多く存在し、本来の休憩ができず、SA・PA を退出してお
り、確実な駐車機会の確保が必要です」との提言が実際の 2021 年実施のナン
バープレート調査結果とともに記されている。本分析区間でも同様の実態が存
在するか確認してみた。

　対象は、スマート IC がなく完全に利用台数が把握可能で、かつ混雑の激し
い海老名 SA で、前述と同じ期間のうち、2019 年 12 月 3 日（火）9 時から 12
月 4 日（水）9 時までの 24 時間である。

　図 7-5 は足柄 SA と同様、大型車マスにおける滞在台数を示しているが、平

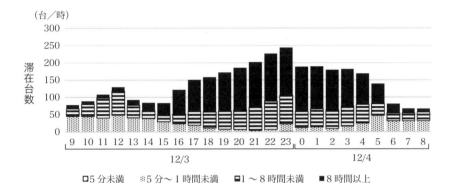

図 7-5　海老名 SA（上り）の 2019 年 12 月 3 日（火）から 4 日（水）の大型車滞在台数

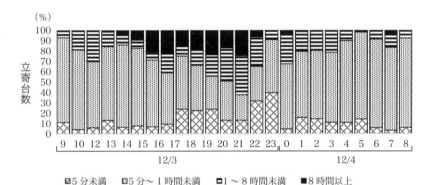

図 7-6　海老名 SA（上り）の 2019 年 12 月 3 日（火）から 4 日（水）の大型車立寄台数

日深夜の半数以上の駐車車両が 8 時間以上の長時間駐車であることが再確認できる。前述の検討会の指摘事項は、「深夜の駐車マスの渋滞により、一旦 SA に流入しても駐車できないことを認識してすぐに流出する車両があり、それは SA 滞在が 5 分未満の車両数で確認できる」ということであった。海老名 SA でも図 7-6 に立寄台数を滞在時間別に表示することで事実を視認した。

　確かに混雑が激しくなる 22 〜 23 時で滞在時間が 5 分未満の車両の立ち寄り割合が増えており、海老名 SA でも同様の現象を確認することができた。これらの車両は SA の駐車エリアに入ったものの駐車マスを見つけられずに駐車エリアから出たことが想像されるため、SA・PA 内の交通事故リスクを高める原因になることは問題視されるべきであろう。

7.3　SA・PA 混雑緩和の方策について

（1）一時退出施策の拡大

　ダブル連結トラックに限らず、SA・PA の長時間駐車は問題視されているが、どのような解決策があるだろうか。

　ひとつは時間に比例した駐車料金の有料化である。しかし車両を SA・PA から一般道に押し出し、結果として長時間の違法駐車を生み出しては元も子もない。全日本トラック協会のウェブサイトでは、現時点で全国 26 か所のトラックステーションが展開されているが、SA・PA 有料化の場合、受け皿としての類似施設の活用とセットで議論されるべきだろう。その場合、いわゆる鉄道における途中下車（「一時退出」の無料化）の導入がなされれば、さらに問題解決に拍車がかかることになる。

　現在も一部の高速道路区間では道の駅の「休憩利用（休息ではない）」を前提とした一時退出は導入されているが、8 時間以上の長時間駐車には対応していない。SA・PA の外部不経済を高速道路外に移転することにはなるが、比較的コストのかからない一方策として検討に値すると思われる。

（2）中継輸送の推進と駐車機会の確保

　全長 25m のダブル連結トラックの導入の検討が開始された 2016 年当時、同時に推進されていたのが「中継輸送」施策であった。「中継輸送」とは、図 7-7 のとおり、相対する 2 台のトラックの走行経路の中間地点でドライバーを交代したり、トラクター（連結車両の駆動車）を交換してドライバーの日帰りを可能とし、結果として健康増進が期待できるという施策である。

　高速道路において退出することなくドライバー交代ができる施設は限られており、かつ大都市間の中間地点に位置する必要がある。代表的な SA・PA としては新東名高速道路の清水 PA が相当する。筆者も 2017 年 2 月に現地を視察したが、当時のダブル連結トラック走行実験車両（日本梱包運輸倉庫株式会社の全長 21m ダブル連結トラック）がドライバー交代を行っており、それだけではなく、中小のトラック事業者や大手の高速バス路線車両でもドライバー交代を導入している実態に驚いた経験がある。

　さて、高速道路上のドライバー交代が可能となる SA・PA は限られており、トラクター交換は不可能である。そのため、一旦高速道路外に退出することに

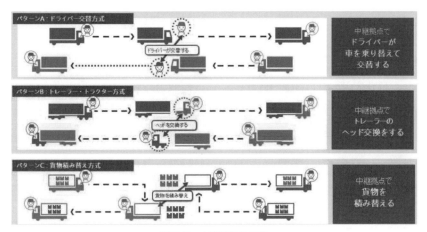

図7-7 中継輸送の概要
(出典：国土交通省自動車局「中継輸送実現に向けたポイント」)

なる。路外でドライバー交代も
トラクター交換も可能となる施
設として、NEXCO 中日本と遠
州トラック株式会社が2018年9
月より運用・利用者募集、10月
に提供を開始したのが「コネク
トエリア浜松」である（図7-9）。

ちょうど東京・大阪の2大都
市圏の中間に位置するため、中
継輸送の適地である。筆者も
2019年2月の深夜に現地視察
したが、ドライバー交代では

図7-8 ドライバー交代を可能とする新東名高速
道路の清水 PA

「なにわ」「足立」ナンバー、トラクター交換では「大阪」「越谷」ナンバーの
トラックが中継輸送を行っていた。2023年5月31日の NEXCO 中日本の記者
発表によれば、2022年度の同施設の利用台数は前年度の33％増を達成し、
2024年問題への対応も背景に、まだ参入台数の増加が見込まれている。中継
輸送の機能実現が一番のメリットであるが、前節で確認した深夜の SA・PA 駐
車スペース不足への対応施策としても有効に機能していると思われる。

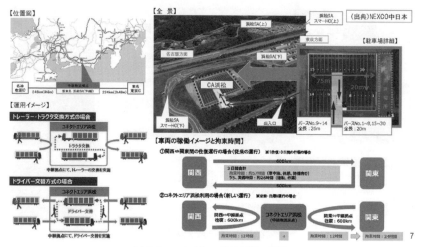

図 7-9　コネクトエリア浜松の概要

（3）ダブル連結トラックに特化した駐車施設の提供

　ヤマト運輸株式会社は 2017 年秋から全長 25m のダブル連結トラックを新規導入し、厚木－茨木の大規模物流施設（ゲートウェイ：GW）間の幹線輸送を担ってきた。また、NEXCO 中日本はパーク 24 株式会社と連携して、2019 年 4 月から豊橋 PA の下り（豊橋上り PA は存在しない）において駐車場予約システム導入の社会実験を開始した。

　長大車両であるダブル連結トラックにとって、確実に駐車機会を確保できる予約システムの利便性は極めて高い。そのため、ヤマト運輸は豊橋下り PA 予約システムを利用した中継輸送を実現していた。トリッキーな方法であるが、まず厚木 GW を出発したトラックが予約済みの豊橋 PA の駐車マスで待機する。茨木 GW を出発したトラックは新東名高速道路の浜松いなさジャンクションから南下し、東名高速道路の下り路線に合流して同様に豊橋 PA の予約マスに駐車し、ドライバー交代を行うのである。下り方面のトラックはそのまま茨木 GW に向かうが、上り方面の車両は豊橋 PA のすぐ西の豊川 IC で高速道路を一旦退出し、すぐに上り路線に流入するのである。

　図 7-10 は ETC2.0 のデータで取得したヤマト運輸の 1 台のダブル連結車両の平日 1 週間（2020 年 10 月 26 日（月）〜 11 月 1 日（日））の移動軌跡が描かれており、豊橋 PA 付近で東西を反対に走行していることがみてとれる。

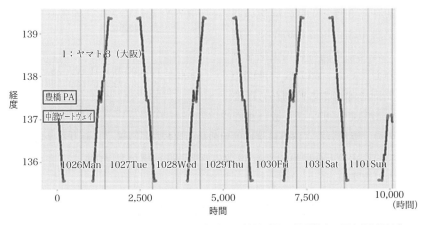

図7-10　2020年10月下旬のヤマト運輸車両の軌跡（最下部が茨木、最上部が厚木）

このような運用を行って
も、ダブル連結トラックの
中継輸送には大きなメリッ
トが存在するといえるが、
将来の車両数の増加を考え
ればダブル連結トラックの
駐車スペースの確保は喫緊
の対応策が望まれていた。
そこで登場したのが、第6
章でも紹介されている、

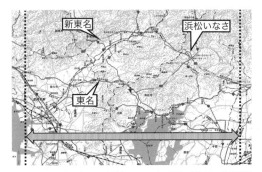

図7-11　所要時間の比較に用いた区間（東西の断面間
の所要時間を計測）

2021年4月から始まった、ダブル連結トラック専用の「浜松いなさ路外駐車
場」である。

ETC2.0を搭載した21m超のダブル連結トラックが30台まで駐車できるス
ペースが確保されている。利用にあたっては会員登録を行い、事前に予約する
必要がある。なお、現時点ではこの駐車場利用については高速道路を降りずに
利用した料金とする「一時退出料金」が適用され、利用事業者の経済負担軽減
を実現している。

浜松いなさ路外駐車場の供用後、ヤマト運輸は、前述の豊橋PAの利用をと
りやめ、全面的にこちらへの転換利用を開始した。筆者らの研究グループで

は、2021 年 3 月と 4 月の浜松いな
さ路外駐車場供用直後のヤマト運
輸ダブル連結車両の利用実態を比
較分析している。図 7-11 の地図の
東西断面を通過する時刻から所要
時間を計算し、サンプル数は少な

表 7-2　浜松いなさ路外駐車場供用前後の
　　　　所要時間比較

（単位：分）

		上り	下り
供用前	2021 年 3 月 19 日（金）	80.5	36.5
	2021 年 3 月 26 日（金）	81.1	36.4
供用後	2021 年 4 月 2 日（金）	39.0	38.6
	2021 年 4 月 9 日（金）	38.5	38.5

いものの、浜松いなさ路外駐車場供用前後の比較を行うと、遠回りを余儀なく
されていた上り方面の車両で約 40 分の所要時間短縮が実現されたことが確認
できた（表 7-2）。

7.4　SA・PA 選択モデルによる混雑緩和施策の考察

　SA・PA の混雑緩和施策を考察する場合、利用者がどのような判断に基づい
て SA・PA を選択するのか、その理由を SA・PA 選択モデルから推察すること
には一定の意義がある。ここでは ETC/FF データを用いた離散選択モデルの
結果とそれに基づく考察を紹介する。

　SA・PA における選択行動を対象に Multinomial Logit（MNL）model を適用
する。用いるのは以下に示す一般的な MNL モデルである。

$$P_{in} = \frac{\exp\left[\sum_{k=1}^{K} \beta_k x_{ink}\right]}{\sum_{j=1}^{9} \exp\left[\sum_{k=1}^{K} \beta_k x_{jnk}\right]}$$

P_{in}：個人 n が選択肢 i を選択する確率、β_k：k 番目変数のパラメータ、
x_{jnk}：個人 n の選択肢 j の k 番目説明変数

　入口 IC・出口 IC ともに磐田 IC から東京 IC までの IC を利用した車両を対
象とし、駐車時間が 10 分以上 8 時間未満の車両を本モデルの推定に用いた（図
7-12）。対象期間は 2022 年 6 月 6 日（月）0:00 から 2022 年 6 月 26 日（日）
23:59 である。

　また、本モデルの推定では、SA・PA の利用可能選択肢が 2 つ以上の車両を
抽出し、ひとつのトリップで異なる SA・PA を 2 回以上利用した車両は除外し
て推定を行った。さらに、足柄 SA と足柄スマート IC を利用した車両、愛鷹
PA と愛鷹スマート IC を利用した車両は、駐車目的とスマート IC 流出目的を
分離判定できないため、モデル構築データから除外した。そのためサンプル数

・東名高速道路の９か所の SA・PA
・上り線の大型マスのみを分析対象とした

図 7-12　SA・PA 選択モデルの分析範囲

表 7-3　使用した説明変数

説明変数名	定義
SA 相対位置	$\dfrac{\text{SA・PA キロポストー入口 IC キロポスト}}{\text{出口 IC キロポストー入口 IC キロポスト}}$
混雑率[3] （混雑率の３乗）	$\left(\dfrac{\text{入口 IC を通過した時刻の駐車台数}}{\text{大型マス数＋兼用マス数}}\right)^3$ １以上の場合は１に固定
入口 IC 通過時の 平均駐車時間長	入口 IC を通過した時刻における、各 SA・PA に 駐車している車種別の駐車時間長の平均値
必要駐車時間長	利用 SA・PA における駐車時間 牧之原 SA を 0 に固定

は 23,304 である。選択モデルでは、表 7-3 に示す 4 つの変数を用いた。「SA
相対位置」については、高速道路出口 IC に近い SA・PA は選ばれやすくなる
ことを想定した。「混雑率」には、高速道路入口 IC を通過した時刻の各 SA・
PA の混雑率を用いている。この変数を入れることで、入口通過時点で混雑し
ている SA・PA を避ける選択行動をモデルに反映することができる。また入口
IC 通過時点で駐車すべき駐車時間もあらかじめ決定されていると仮定した。
　パラメータ推定結果を表 7-4 に示す。「SA 相対位置」の係数は正で、出口
IC に近い SA・PA を選択すること、「混雑率[3]」の係数は負で、混雑している
SA・PA を避けることを示している。また、現在駐車時間長平均値から、入口
IC 通過時点での平均駐車時間長も SA・PA 選択に影響することが確認できる。

表7-4　SA・PA選択モデルの推定結果

		パラメータ	t値
SA相対位置		0.785	12.8
混雑率[3]		−0.283	−6.4
入口IC通過時の平均駐車時間長 ［100分］	大型車	−0.426	−15.0
	特大車	−0.220	−3.6
	中型車	−0.294	−8.6
必要駐車時間長 ［100分］	港北PA	−0.435	−5.8
	海老名SA	−0.570	−9.2
	中井PA	−0.510	−7.8
	鮎沢PA	−0.214	−3.6
	足柄SA	−0.364	−6.1
	愛鷹PA	−0.262	−4.1
	富士川SA	−0.019	−0.3
	日本坂PA	−0.189	−3.0
定数項	港北PA	−1.634	−13.3
	海老名SA	0.151	1.5
	中井PA	−0.440	−5.0
	鮎沢PA	−0.529	−6.4
	足柄SA	0.062	0.8
	愛鷹PA	−0.690	−8.8
	富士川SA	−0.616	−9.1
	日本坂PA	−0.367	−6.7
サンプル数		23,304	
初期尤度		−47069.55	
最終尤度		−29471.44	
尤度比		0.3739	
自由度調整済み尤度比		0.3734	

定数項の値から牧之原SAが相対的に選択されやすいことがわかる。

　これらの結果から、混雑緩和に資する施策が備えるべき条件として以下が想定されるだろう。

　①　当然のことながら、利用されるSA・PAは高速道路の流出IC付近の比率が高い。需要の多い大都市近隣のSA・PA利用台数が卓越することになるので、アメニティ施設の拡充や、混雑料金の導入などで需要を分散化する施策が有効である。

　②　このモデルでは、「混雑率」は、高速道路に流入した瞬間に情報提供システムなどで各SA・PAの混雑率が判明していることを想定している。つまり、この変数値を0に固定すれば、それは情報提供システムの不在を意味する。変数値の設定条件の相違に基づくSA・PA選択確率の変化から、「情報提供システムの存在意義」を考察することが可能である。なお、シ

ミュレーターを用いた同様の分析は参考文献1）に詳しい。

③ 「入口 IC 通過時の平均駐車時間長」のパラメータ推定結果から、利用者は、比較的短時間駐車が多く、回転率の高い SA・PA を選択する傾向にあることがわかる。特に大型車においてその傾向が顕著となっている。これは短時間駐車の専用マスの設置や、駐車時間に応じた混雑料金による長時間駐車の抑制などにより、より有効な交通需要マネジメント（TDM：Transportation Demand Management）施策が期待できることを示している。

7.5　SA・PA のさらなる活用と展開に向けて

本章では、ETC/FF データを中心に、SA・PA の利用実態をつぶさに把握した。その結果、平日深夜の大型マスの混雑の第一の原因が8時間以上の長時間駐車にあることを明らかにした。実は立寄台数の単位でこれら8時間以上駐車を確認すると、その割合は多い時間帯で2割にも満たない（図7-6）。これは施策実施の対象車両が限られていることを意味するため、よりターゲットを絞った対策が効果的であることを示唆している。

中継輸送をサポートする具体的な施策についても紹介したが、2024年問題への対応策として中継輸送の増進は有益であるため、トラックの大型化と相まってこれら施策が東海道筋のみならず全国に展開することを期待したい。

【参考文献】
1）有賀なつほ，兵藤哲朗，坂井孝典「シミュレーターを用いた高速道路 SA/PA の駐車需要分散施策の評価」交通工学研究発表会論文集，2024，第1号（特集号 A），pp.A_49-A_57.

第8章　SA・PAにおける大型車の混雑状況の把握

8.1　SA・PAにおける駐車状況の把握

(1) SA・PAにおける大型車の混雑問題

　近年、平日深夜帯におけるSA・PA駐車場の混雑が問題となっている[1]。午後の早い時間帯に入場した休息目的の長時間駐車の大型車（トラック（単車）、トレーラー）により駐車マスが埋まっており、深夜帯に短時間の休憩目的でSA・PAに入場した車両が、SA・PA内の通路やSA・PAの流入部／流出部に駐車せざるを得なくなるという問題である。これは、改善基準告示で大型車には1日8時間以上の休息をとることが定められていることから、複数日にわたる運行の場合、途中で休息が必要となるために生じるものである。

　こうした休息目的の駐車のほか、着荷主の到着時間指定に合わせた時間調整を目的とした駐車もみられる。ドライバーの休憩・休息機会を確保し、高速道路を安全に走行できるように、SA・PA駐車場を効率的に運用する必要がある。

　さらに、SA・PAにおけるダブル連結トラックのための駐車マスの確保も課題である。中日本高速道路株式会社（NEXCO中日本）では2021年より、ダブル連結トラックの優先・専用駐車マスの整備や予約システムの実証実験を行ってきた。しかし、非予約車両やダブル連結トラック以外の車両による不適切利用により、ダブル連結トラックが駐車できない事例が確認されている。

　また、ドライバーの労働時間を規制する改善基準告示の改定に伴い、2024年4月以降、SA・PAなどの休憩施設に駐車できない場合、例外的に連続運転時間の上限を30分延長することが可能となる。このように、ダブル連結トラックは、ドライバー不足に対応するため導入が始まり、対象路線も拡充され利便性は向上している一方で、現状として主にSA・PAにおいて駐車マスを利用できず十分な休憩を得られていない。

　SA・PAにおける大型車の利用状況に関する研究としては、ETC/FFデータを用いて、SA・PAにおける大型車の時間帯別駐車需要を分析したうえで、ドライバーへのアンケート調査を通じて、SA・PAの有料化や高速道路外の休憩施設の利用などに対する受容可能性を検証したものがある[2]。

　また、ダブル連結トラックのプローブデータを用いて、SA・PAにおける休

憩の有無や滞在時間を明らかにしたうえで、利用を断念したと考えられる事例を抽出し、SA・PA の混雑状況や駐車マスの利用状況をもとに考察したものもある[3]。しかしながら、SA・PA 駐車場内における大型車の具体的な挙動について分析したものは見受けられない。

　本章では、SA・PA の駐車状況の把握方法をまとめ、ドローン撮影による SA・PA における大型車の駐車状況の調査に関する報告を行う。具体的には、ドローンを用いて SA・PA を上空から撮影し、大型車の挙動をデータ化する。さらにそのデータを用いたパターン解析により、挙動のパターン分類を行い、挙動の原因の特定化を試みる。

(2) SA・PA における駐車状況の把握方法

　駐車場の利用状況の把握に関しては、従来から、ループコイルやエリアセンサーなどを用いた技術開発と導入が進められてきたが、設備の設置に費用と時間がかかることが指摘されていた。

　これに対して、より安価な方法として、防犯カメラなどの画像データを用いた車両の検知に関する研究開発が行われている[4)-6)]。単体の広角カメラから取得した駐車場全体の画像から混雑度を算出することで、カメラ台数の削減を図る手法を提案するとともに、東北道の蓮田SA（上り）での検証を行っている[7]。

　また、全方位ネットワークカメラの画像からディープラーニングを用いて車両を検知し、車両追尾と駐車状態の判定を行う、駐車場満空監視システムが開発されている[8]。

　このほか、画像による車両検知の課題である低照度環境下での精度劣化の解決を図る研究[9]や、車種識別率の向上を図るシステムを開発する研究[10]、固定的なカメラだけでは駐車場の全体を網羅できないケースについて、視覚センサーを搭載した複数の無人飛行ロボットを導入することで解決を図る研究もある[11)12)]。

　これら以外にも、筆者らが調査した海外事例として、ドイツで導入が進められているエリア検知システムがある。このエリア検知システムでは、図 8-1 のようにポールの上方に設置した

図 8-1　エリア検知システムの
レーザースキャナー

（出典：TelarTec GmbH）

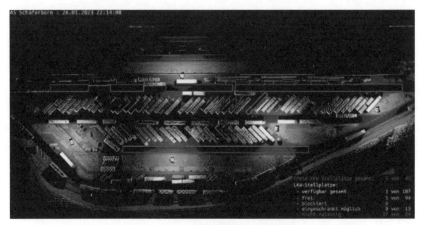

図8-2　センサーによる駐車可能台数の把握結果イメージ
(出典：TelarTec GmbH)
(巻頭口絵 13 参照)

　レーザースキャナーを用いて駐車車両を 15 秒ごとに測定することで、図 8-2
(口絵 13) のように駐車台数を把握することが可能となる。
　無線 LAN で通信するため配線が不要、休憩所 1 か所当たり 5 ～ 6 基のマス
トを設置することで全体を網羅することができる。ポールの上部にソーラーパ
ネルを装備することで、給電も不要となっている。また、設置には 2 か月程度
を要するものの、費用は比較的安価で、休憩施設 1 か所当たり約 50 万ユーロ
とのことである。
　現在、アウトバーン有限会社西支社管内の 244 か所のうち 4 か所に設置され
ており、今後 3 年間に全国 70 ～ 100 か所の休憩施設（駐車マスが 70 マス以上
の施設）に設置予定となっている。なお、利用者は、このエリア検知システム
で収集された情報を、高速道路上の表示板およびスマートフォンのアプリで確
認可能であり、ルートの選択の参考とすることが期待されている。現在は、駐
車空き台数のみの情報提供となっているが、今後は、休憩所の駐車場のどのブ
ロックが空いているか、といった詳細な情報提供も予定されている。
　このように、国内外において駐車場の利用状況を把握するためのさまざまな
システムが提案されているが、日本国内において SA・PA 全体の駐車状況を把
握できるシステムはまだ開発されていないといえる。そこで、次節において、

SA・PA における大型車の駐車状況の調査を行うために、ドローン撮影を行うこととする。

8.2　ドローン撮影による SA・PA における大型車の駐車状況の調査

(1) 撮影調査の概要

　調査対象の SA・PA としては、大型車が駐車可能な駐車マスの飽和度（駐車マス数に対する駐車台数の割合）が比較的高く[13]、混雑が著しい東名の足柄SA（上り線）を選択した。なお、大型車が駐車可能な駐車マス数は表 8-1 のとおりである。調査時間帯は、大型車の利用が多い日曜夜間から平日終日とした。2022 年 12 月初旬に、時間帯別の利用状況に応じて、早朝（4〜8 時）、昼間（11〜17 時）、夜間（18〜翌 1 時）の 3 時間帯に、1 時間に 1 回の撮影（15〜20 分程度）を行った。

　SA（上り）全体を 16：9 の構図で撮影するためには、少なくとも高度 100m以上、SA 敷地から 50m 離れた場所からの撮影が必要となる。そのため、図8-3 のようにドローンは一般道から発着し、SA 敷地外から撮影を行った。なお撮影にあたっては、道路管理者である NEXCO 中日本との事前協議、国土交通省東京航空局長より飛行許可を得るほか、関連法令を遵守した上で実施した[14]。

　足柄 SA の撮影結果（静止画）を図 8-4（口絵 14）に示す。同図からは、昼間、夜間ともに SA 内の駐車マスが画角に収まっている一方で、夜間は照明の光量が十分でなく、一部に判別が難しい箇所があることがわかる。

表 8-1　大型車が駐車可能な駐車マス数の現状

	足柄 SA（上り）
小型中型兼用マス	72
小型大型兼用マス	103
大型車マス	142
トレーラーマス	13
（ダブル連結トラック優先駐車マス）	5
（ダブル連結トラック予約駐車マス）	1
バスマス	22
大型車駐車可能台数*	352

＊　大型車駐車可能台数には、中型車マスを含む

（出典：NEXCO 中日本資料をもとに筆者作成）

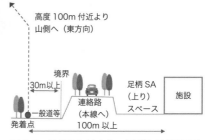

図 8-3　足柄 SA（上り）の撮影箇所（断面図）

図 8-4　足柄 SA（上り）における昼間と夜間の撮影結果（静止画）

（出典：渡部ら（2023）[15]）

（巻頭口絵 14 参照）

(2) 調査結果のデジタル化

① 車両挙動のデジタル化

撮影調査を通じて動画データを作成し、各車両の挙動を目視で確認することで、秒単位でのデジタル化を行った。デジタル化の記録項目は、次の 4 点である。第 1 に、録画開始時点での駐車台数として、駐車マス内／外での車種別（トラック（単車）、トレーラー、大型バス）の駐車台数を記録した。第 2 に、SA への流入（入場）時の駐車マス選択行動として、①駐車マスに駐車、②駐車マス外に駐車、③駐車せずに出場、④その他（ガソリンスタンド等）、⑤不明（画面枠外に移動、画面枠外の駐車スペースに駐車またはスマート IC から出場）に分けて、それぞれの台数を記録している。第 3 に、SA からの流出（出場）時の行動として、①駐車マスから出場、②駐車マス外から出場に分けて、それぞれの台数を記録している。第 4 に、録画終了時点での駐車台数として、駐車マス内／外での車種別の駐車台数を記録している。

② 車両挙動の集計

1) 駐車台数と入場出場台数率

駐車台数と入場・出場台数率をまとめたものが図 8-5 である。ここで、入場台数率とは 1 分当たりの入場台数を、出場台数率とは 1 分当たりの出場台数を表す。足柄 SA では、時間帯別にみていくと、12 月 4 日（日）夕方から夜間にかけて、駐車台数は 200 〜 250 台と多い状態が続いており、入場台数率と出場台数率はともに 23 時台が最も高くなっている（A）。12 月 5 日（月）の昼間では、駐車台数は多くないが、昼食時間帯ということで入場台数率が高めとなっている（B）。12 月 6 日（火）の夕方では、16 時から 17 時にかけて入場台数率が上昇する一方、出場台数率が減少しており、駐車台数は 250 台以上へ増加している（C）。12 月 7 日（水）の早朝では、出場台数率が入場台数率を大幅に上回っており、さらにいずれも減少していることから、駐車台数は 250 台から 100 台へと大幅に減少している。12 月 7 日（水）の夕方から深夜では、入場台数率が 17 時台で最大となるなど、出場台数率よりも高く、駐車台数は夕方から夜間にかけて増加し、深夜には約 300 台と多い状態が続いている（E）。

2) 駐車マス外に駐車している割合

駐車マス外の駐車割合を車種別にまとめたものが図 8-6 である。ここで、駐車マス外の駐車割合とは総駐車台数に占める駐車マス外の駐車台数を表す。足柄 SA では、ほぼすべての時間帯で、トレーラーの方がトラック（単車）より

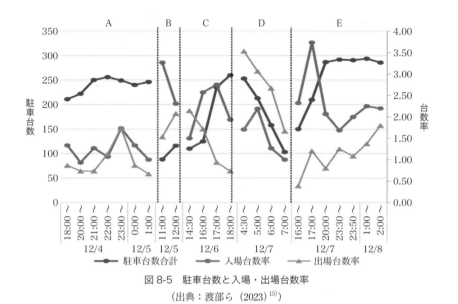

図 8-5　駐車台数と入場・出場台数率

（出典：渡部ら（2023）[15]）

も高く、このことは、トレーラーの方が駐車マスを見つけづらいことを示唆している。さらにトレーラーでは、いずれの日においても 17 時以降から深夜にかけて 10％以上という高い割合になっている。なお、高速バスはすべて駐車マスに駐車している。

　3）SA 入場時における駐車マス選択行動

　SA 入場時の駐車マス選択行動をまとめたものが図 8-7 である。足柄 SA では、夕方から深夜にかけて、駐車マス外に駐車したり、駐車せずに出場したりする車両が多くみられるものの、早朝や昼間はほぼすべての車両が駐車マス内に駐車できている。これは図 8-5 で示した駐車台数の傾向とも一致する。

　4）SA 出場時における駐車マスの割合

　SA 出場時の行動をまとめたものが図 8-8 である。足柄 SA では、19 〜 20 時台にかけて駐車マス外からの出場が多くみられている。これは図 8-7 に示した SA 入場時の駐車マス選択行動において、駐車マス外への駐車への比率が高い時間帯と一致している。夕食を目的とするような短時間駐車の車両が、駐車マスを見つけられず、駐車マス外に駐車しているものと考えられる。

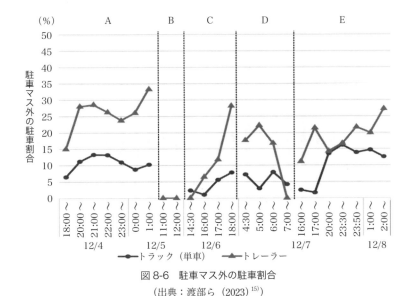

図 8-6　駐車マス外の駐車割合

（出典：渡部ら（2023）[15]）

（3）上空からのトラック挙動のパターン解析

①　照明の光量不足による通過・後退の発生

足柄 SA（上り）における照明の光量不足は、図 8-9（口絵 15）のように下り線との違いからも明らかであることがわかる。この光量不足は、空き駐車マスを発見しづらくする原因となり、特に枠部分の暗所において、空き駐車マスを見逃して通過、あるいは矢印部分へと後退する車両が散見された。

②　駐車マス外の駐車車両の問題

足柄 SA では、図 8-10 の A 〜 E 地点に駐車マス外の駐車車両がいると順路がほぼ限定されてしまい、矢印の順路で SA 内を通行する車両が多く見受けられた。空き駐車マスが見つけられればよいが、前述した照明の光量不足と相まって空き駐車マスを通過してしまい、そのまま出場するか、SA の流出部に駐車する車両も目立った。なお、駐車マスが空いていても C 〜 E 地点に駐車マス外の駐車車両がいると、ドライバーに「この先は空いていない」と感じさせてしまい、矢印の順路で通過する車両が多くなるとも考えられる。

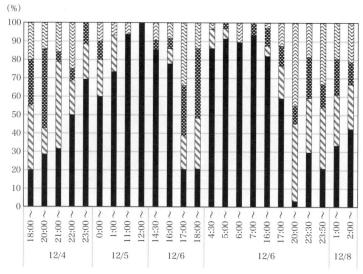

図 8-7　SA 入場時の選択行動

（出典：渡部ら（2023）[15]）

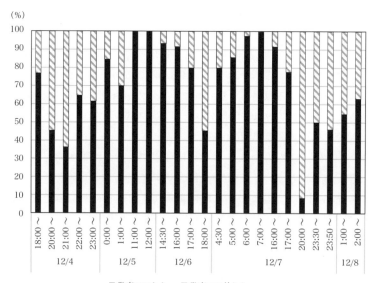

図 8-8　SA 出場時の駐車マス

（出典：渡部ら（2023）[15]）

図 8-9　夜間照明の光量不足

（巻頭口絵 15 参照）

図 8-10　大型車の走行順路

③　バス専用マス等への不適切駐車

　バス専用マスや身体障がい者用マスは商業施設に近い場所に位置しており、バスや歩行者の誘導目的で、主に週末の一般車が利用する時間帯に誘導員が配置されている。こうした誘導員が配置されていない場合は、まだ明るい時間帯でも、バス専用マス用カラーコーンを無断で移動させたり、カラーコーンがない方向から後退で駐車する大型車が多くみられた。誘導員が配置されている日曜夕方には、バス専用マス・身体障がい者用マスには駐車なしの状況がみられ

た。このような監視の目があるか否かで、ドライバーのマナー違反の行動に顕著な差が現れている。

(4) 地上での駐車マスの利用状況の観察

ドローン撮影と並行して、地上での駐車マスの利用状況の観察を行い、大型車による駐車マスの不適切駐車の事例を確認した。観察された事象は以下のとおりとなっている。

　　① 　バス専用マスへの駐車
　　② 　トラックによるトレーラーマスへの駐車
　　③ 　複数の小型車マスをまたいだ駐車
　　④ 　トレーラーによる複数の大型車マスをまたいだ駐車
　　⑤ 　通路上での駐車や二重駐車
　　⑥ 　路肩での駐車　など

それぞれの具体的な事例は図 8-11 のようになる。①と②については、指定された車種以外の駐車となるため、本来駐車できるはずのバスやトレーラーが止まれなくなってしまう。トレーラーは、それを見越して早い段階で場所を確保するため、大型車は中型マスへ、中型車は小型マスへ、入浴者は施設付近の枠外やバス専用マスへ、高速バスは身体障がい者用スペースや車路での停車へと、悪循環となっている。

③と④についても指定された車種以外の駐車となるため、本来駐車できるはずの小型車やトラックが止まれなくなるだけでなく、複数のマスを占有することから駐車容量の低下ももたらす。

⑤については、通路上に駐車されてしまうことで、幅員が狭くなり通行に支障をきたすことや駐車している車両が出れなくなってしまうこともある。特に二重駐車として、通路の両側に駐車されることも見られており、非常に危険な駐車行為である。

⑥については、路肩は、車道と歩道の間に設けられる帯状の道路の部分であり、道路の主要構造物の保護や故障車等の退避スペースなどの交通の安全性と円滑性を確保する観点から設置されていることから、路肩における駐車も非常に危険な行為である。

なお、業種による挙動の違いとしては、宅配便や路線便、生鮮食品輸送等の業種の車両は短時間の駐車である一方で、重量品輸送や特殊輸送系の業種の車

① バス専用マスへの駐車

② トラックによるトレーラーマスへの駐車

③ 複数の小型車マスをまたいだ駐車

④ トレーラーによる複数の大型車マスを
またいだ駐車

⑤-1 通路上での駐車

⑤-2 通路上での二重駐車

⑥ 路肩駐車

図 8-11　足柄 SA（上り）における不適切な駐車の事例

両は長時間の駐車が観察できた。

　また、車種による挙動の違いとしては、トラックよりもトレーラー（建築系、重機系幅広車、積載車）に、夕方の早い時間帯から駐車する傾向がみられた。

　このことからは、トラックはコンビニや道の駅の駐車場を利用することも可能である一方で、トレーラーは駐車できる場所が限られるため、確実に駐車できる時間帯から SA・PA に入場し、休息することが運行計画に含まれていることが推測できる。

8.3　駐車状況の把握と課題

　本章では、SA・PA の駐車状況の把握方法をまとめたうえで、国内外の駐車場の利用状況を把握するためのさまざまなシステムの提案を紹介した。日本国内において SA・PA 全体の駐車状況を把握することができるシステムはまだ開発されていないことがわかった。

　そこで、ドローン撮影による SA・PA の大型車の駐車状況調査を実施して明らかになった内容について、以下にまとめる。

① 　ドローンによる空撮調査の実施を行い PC で動画として再生可能なデータを作成したうえで、各車両の挙動を秒単位でデジタル化した。駐車状況から、トラック（単車）よりトレーラーの方が駐車マスを見つけることが難しく、駐車マス不足が顕著であることがわかった。

② 　駐車場の選択行動の観察から、足柄 SA では 18 時台から駐車マス外への駐車や駐車せずに退出する車両が多くみられることがわかった。挙動のパターン解析として、照明の光量不足による通過・後退問題、駐車マス外の駐車車両の問題、誘導員の有無による駐車マスの利用状況の違いとドライバーのマナー問題が挙げられた。

③ 　ドローン撮影と並行して、地上での駐車マスの利用状況の観察を行い、大型車による駐車マスの不適切駐車の事例を確認した。観察された事象としては、バス専用マスへの駐車、トラックによるトレーラーマスへの駐車、複数の小型車マスをまたいだ駐車、トレーラーによる複数の大型車マスをまたいだ駐車、通路上での駐車や二重駐車、路肩での駐車がみられた。

駐車場の選択行動の観察や地上調査の結果、特にトレーラーの駐車行動に問

題があると判断した。このことからは、トレーラーマスの比率を現状の10%
以下（足柄SA（上り）：約9%）の状況から、少なくとも20%以上に増やす必
要性が指摘できる。そのうえで、トレーラーの順路を最優先とした駐車マスの
配置と、駐車マス外での駐車が行いにくい駐車マスの配置が重要である。たと
えば、通路幅をあえて狭め、駐車マス外の駐車ができなくすることが考えられ
る。また、照明の光量の増強はもちろんのこと、より正確な空車情報の表示、
誘導員による誘導、パトロールカーによる駐車マス外の駐車車両の移動指示が
必要である。

【参考文献】
1) 高速道路調査会「高速道路等における大型車長時間駐車対策に関する調査研究委員会中間
報告書」，2023.
2) Misui, Y., Nemoto, T., Goto, T., and Kagabu, T. "Demand analysis of large-truck parking at
expressway rest areas in Japan" ITS World Congress 2022 Conference Proceedings, 2022.
3) 渡部大輔，西宮悠生，兵藤哲朗「プローブデータを用いた高速道路におけるダブル連結ト
ラックの休憩行動に関する分析」交通工学研究発表会論文集，2023，43 (0)，pp.723-726.
4) 市橋秀友，堅多達也，藤吉誠，野津亮，本多克宏「ファジィc平均識別器による駐車場の
カメラ方式車両検知システム」知能と情報，2010，22 (5)，pp.599-608.
5) 岩佐和真，田中敏光，佐川雄二，杉江昇「駐車車両検出のためのテンプレート画像の自動
作成」電気学会論文誌C，2007，127 (3)，pp.338-344.
6) 山田啓一，水野守倫，山本新，村埜克明，砂原秀一「画像を用いた駐車場状況監視システ
ム」電気学会論文誌C，2000，120 (6)，pp.784-790.
7) 川口拓海，ケネス マッキン，堅多達也，永井保夫「広角監視カメラを用いた平面駐車場
内の混雑度分類手法の検討」情報処理学会第82回全国大会講演論文集，2020，pp.525-
526.
8) 桑原麻理恵，藤井雅和，三宅優実，崎戸梨恵，砂子雅人，神尾崇「ディープラーニングを
活用した駐車場満空監視システムの開発」パナソニック技報，2019，65 (1)，pp.15-20.
9) 齊藤康司，高橋翔，萩原亨「低照度環境下における車両検出のための入力画像の明瞭化」
AI・データサイエンス論文集，2023，4 (2)，pp.163-169.
10) 入江穂乃香，林勲，堅多達也「pdi-Baggingを用いた大規模屋外駐車場での車種識別」イ
ンテリジェント・システム・シンポジウム2021講演論文集，2021，pp.207-212.
11) 柴田一騎，宮野竜也，神保智彦「レジリエントな監視システムを実現する被覆制御」計測
自動制御学会論文集，2019，55 (3)，pp.197-205.
12) 宮野竜也，柴田一騎，神保智彦「視覚センサネットワークによる駐車場の死角被覆制御」
計測自動制御学会論文集，2018，54 (2)，pp.182-193.
13) 有賀なつほ，兵藤哲朗「高速道路SA/PAの駐車場利用特性の分析」交通工学研究発表会
論文集，2021，41，pp.573-578.

14）国土交通省航空局「無人航空機（ドローン，ラジコン機等）の安全な飛行のためのガイドライン」，2021.

15）渡部大輔，味水佑毅，根本敏則，兵藤哲朗，利部智，田邉肇「ドローンを用いた高速道路SA・PA における大型車の駐車行動解析」日本物流学会第 40 回全国大会予稿集，2023，pp.33-36.

第9章 マイクロシミュレーションによる SA・PA レイアウト評価

　高速道路の SA・PA では、駐車マス不足や、不適切な駐車マス利用が近年問題となっている。特に、深夜帯の大型車の混雑や、年末年始・ゴールデンウィークの小型車の混雑が深刻な問題である。今後、ダブル連結トラックなどの長大車両の増大により SA・PA 内の駐車スペースがさらに逼迫することが懸念されており、より効率的な駐車スペースの運用が求められている。

　そこで本章では、本分析を行った 2021 年秋の時点でレイアウトのデザイン改善が予定されていた東名高速道路足柄 SA（上り）（以下、足柄 SA）を対象として、ETC/FF データを分析し、需要特性を明らかにするとともに、交通シミュレーションソフト PTV Vissim を用いて SA 内の車両の挙動をシミュレートし、小型車と大型車の最適な台数比率や、動線の設定方法、そして時間帯別の駐車マスの混在利用方策など駐車場デザインに関する検討を行う。

9.1 足柄 SA の利用特性に関する分析

(1) 時間帯別の流入台数

　2019 ～ 2021 年度の代表的な平日と休日を複数取り上げ、分析を進めた。まず平日について、図 9-1 に大型車（特大車を含む）、中型車、小型車（普通車と軽自動車）別の平日の時間帯別流入台数を示す。

　車両別に流入台数のピークをみると、大型車は 17 ～ 4 時、中型車は 11 ～ 12 時、小型車は 15 時にピークがあり、すべての車種が混雑しているような時間帯は存在しない。18 ～ 5 時に関して、中型車・小型車どちらとも流入台数は少なく、深夜の混雑問題は大型車単体によるものであることが想定される。特に、小型車は流入台数が少ないことから、この時間帯で小型専用マスに大型車・中型車を駐車させるなどの対策が有効だと考えられる。大型車の流入台数は 18 ～ 21 時にかけてわずかに少なくなっている。大型車は夕方から深夜にかけて SA の駐車場を利用する傾向があるが、深夜帯での減少の要因として 18 ～ 21 時に走行している大型車が「この時間帯の足柄 SA は駐車できない」と判断し、利用が減少していると推測される。この「駐車できない」という判断はシミュレーションの重要な評価指標として用いることになる。

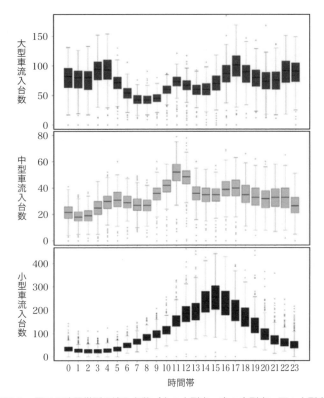

図 9-1　平日の時間帯別の流入台数（上：大型車、中：中型車、下：小型車）

　次に休日について確認する。平日と同様、図 9-2 に大型車（特大車を含む）、中型車、小型車（普通車と軽自動車）別の休日の時間帯別流入台数を示す。

　休日の小型車は平日と同様の時間帯別の傾向がみられる。しかし、流入台数は平均と比べ 2 倍ほどである。一方、大型車・中型車は平日と比べ流入台数は少なく、時間帯別変化に特徴がみられない。このことから、休日の SA 運用には小型車の利用を重要視する必要がある。

（2）駐車時間に関する分析

　ここではマイクロシミュレーションで用いる 2020 年 6 月 18 日（木）と2019 年 11 月 2 日（土）の駐車需要について ETC/FF データにより分析する。

　平日（2020 年 6 月 18 日（木））の駐車時間累積度数分布（大型車、流入時

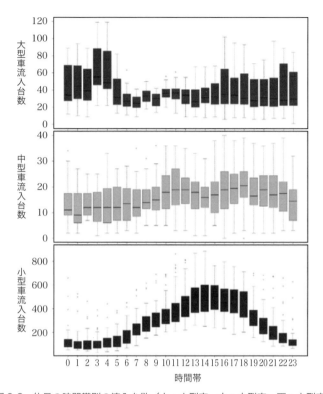

図 9-2　休日の時間帯別の流入台数（上：大型車、中：中型車、下：小型車）

刻別）から、第 7 章でも確認されたとおり、15 〜 21 時に流入する大型車は比
較的長時間駐車する傾向があり、約 60％が 1 時間以上駐車、約 50％が 2 時間
以上駐車、また約 10％は 12 時間以上駐車することがわかる。以上のことから
夕方の時間帯から流入する大型車の約 5 割は長時間の利用を目的として足柄
SA を利用することが考えられる。4 〜 12 時に流入する大型車は比較的短時間
駐車する傾向があり、平均 50％が 30 分未満の駐車、約 10％は 1 時間以上駐車
となり、長時間駐車の大型車は非常に少ないことがわかる。

　また、平日の駐車時間累積度数分布（小型車、流入時刻別）を確認したとこ
ろ、23 〜 6 時に流入する小型車は比較的長時間駐車する傾向があるが、約
60％は 30 分未満駐車であった。また 23 〜 6 時を除き、ほとんどの時間帯で小
型車は短時間の駐車傾向を示していた。約 70％は 30 分未満駐車、1 時間以上

駐車は10％ほどしかない。以上の短時間駐車である小型車の傾向から、平日の小型車の混雑は深刻ではないことがわかる。

　休日（2019年11月2日（土）3連休の初日）の傾向を確認したところ、平日同様、夕方から深夜にかけて流入する大型車が長時間駐車となっていた。しかし長時間駐車傾向にある時間帯が16〜24時であることや、2時間以上駐車の割合は約30％、12時間以上駐車の割合は5％未満と長時間駐車の割合が平日と比べ小さい。

　休日の駐車時間累積度数分布（小型車、流入時刻別）からは、21〜5時に流入する小型車は比較的長時間駐車する傾向があり、2時間以上駐車する割合が約20％存在していることや、平日と同じく深夜帯が多いことから、平日同様に車中泊等で長時間休憩の利用車が存在することが想定される。また平日と比べ1時間以上駐車は10％ほどしか確認できないことは共通であるが、30分未満の駐車割合は平日の約70％から、休日は約60％に減少していた。これは家族利用の多い休日では、SA滞在期間が長くなることが考えられる。

9.2　Vissim によるマイクロシミュレーションの条件設定

（1）足柄SAのデザインについて

　本分析では、世界で最も広く利用されている交通マイクロシミュレーターのひとつであるPTV Vissim を用い、2021年秋の時点の足柄SAのデザインと2022年度初めに供用が予定されている中日本高速道路株式会社（NEXCO中日本）が検討している足柄SAデザインの2種類のデザインの評価を行う。両者をわかりやすく区別するため、以降、前者を「現在」、後者を「将来」と称することにする。図9-3、図9-4に、それぞれ2021年秋（現在）と2022年度初め（将来）の足柄SAのデザイン図と車種別駐車可能マス数を示す。

　将来の足柄SAデザインで現在の足柄SAデザインと明確に異なる点は、小型中型兼用マスの設置や、小型車の駐車方法の変更、それに伴った小型車マスの増設とダブル連結トラックを想定した特大車マス（トレーラーマス）の増設である。また、工事前との駐車可能マス数を比べると、中型車は107マス、小型車は73マス増加しているが、大型車駐車可能マスはわずか9マスの増加である。中型車が小型中型兼用マスに駐車することで混雑の緩和は期待できるが、大型車の混雑改善の効果は小さいと思われる。

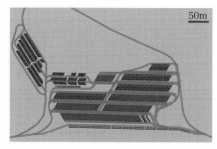

駐車マス	大型車	中型車	小型車
小型車マス	0	0	223
大型車マス	143	143	0
トレーラーマス	11	0	0
バスマス	11	0	0
小型大型兼用マス	104	104	208
駐車可能マス	269	247	431

図 9-3　2021 年秋の時点（現在）の足柄 SA とその駐車マス数

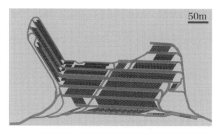

駐車マス	大型車	中型車	小型車
小型車マス	0	0	154
大型車マス	140	140	0
トレーラーマス	13	0	0
バスマス	22	0	0
小型中型兼用マス	0	72	144
小型大型兼用マス	103	103	206
駐車可能マス	278	315	504

図 9-4　2022 年度初めに供用開始された（将来）足柄 SA とその駐車マス数

（2）時間帯の設定と評価指標

　シミュレーションの実行は 15:00 ～（39 時間後の）5:59 まで行う。分析結果の評価対象時間帯は 6:00 ～ 5:59 の 24 時間であるが、その前に数時間程シミュレーションをする必要があるためである（いわゆる burn-in）。また、シミュレーション対象の時間帯を 6 時開始に設定しているのは、朝の 6 時付近は駐車できない車両は発生しにくいためである。

　シミュレーション評価では、以下で説明するすべての評価指標において結果出力を 1 時間ごとに行い、時間帯別の評価を行う。

① 駐車マスに駐車できない車両台数。

② 車両アクティブ（VehAct）：シミュレーション終了時点でネットワーク内にいる車両の合計数。

③ 車両到着（VehArr）：すでに目的地に到着しており、シミュレーション終了の前にネットワークから退出した車両の合計数。

④ 停止合計（StopsTot）：ネットワーク内にいる、あるいはすでに出発しているすべての車両の合計停止回。この中に駐車場における駐車行為は停

止合計に含まれない。

⑤　停止平均（StopsAvg）：停止回数合計／（ネットワーク内の車両台数＋到着した車両台数）

⑥　遅延合計（DelayTot）：ネットワーク内のすべての車両、またはすでにネットワークを離れている車両の遅延の合計。停止標識で停止する時間や、駐車場における駐車時間は合計遅延に含まれない。

⑦　遅延平均（DelayAvg）：車両ごとの平均遅延。合計遅延／（ネットワーク内の車両台数＋到着した車両台数）

⑧　停止遅延合計（DelayStopTot）：ネットワーク内にいる、あるいはすでに出発しているすべての車両の合計停止時間。停止時間＝車両が静止している時間（速度＝0）。この中に駐車場における駐車行為は停止合計に含まれない。

⑨　停止遅延平均（DelayStopAvg）：車両ごとの平均停止時間。合計停止時間／（ネットワーク内の車両台数＋到着した車両台数）

(3) 駐車ルールの設定

シミュレーションにおける駐車ルールを以下のとおり設定する。

①　駐車マスはエリアごとにグループを分け、グループごとに駐車する優先順位を定める。

②　利用できる駐車マスのうち最も優先順位が高い駐車マスを選ぶ。

③　もし目的の駐車マスが途中で駐車不可になった場合、次の優先順位の駐車マスに向けて駐車する。ただし、すでに選択しているルートによってはそれができない可能性もある。

④　兼用マスはそれぞれの車両専用マスが満車になった場合、また専用マスが途中で駐車不可になった場合に利用される。

⑤　これらの駐車ルートはSAの入り口で決めるため、SA内で改めて駐車予定マスを変更することはしない。

　実際のSAでは、SA内に入った車両は空いている駐車マスを探しながら自分の駐車するスペースを決めるが、このシミュレーションではSA入口ですでに自分の駐車スペースを決めている設定となっている。このようにランダム性のある挙動ではなく、利用者があらかじめ十分な情報を有しており、効率的にSAを運用することを前提としてシミュレーションを行う。

(4) 駐車需要シナリオ

　分析は 2020 年 6 月 18 日（木）、2019 年 11 月 2 日（土）、2019 年 12 月 29 日
（日・年末）の実際の駐車需要を用いて行い、9.3（1）で紹介した 2 種類のデザインのシミュレーション結果を比較する。なお、平日については、大型車の流入台数が 1,730 台（平日平均）以上、中型車の流入台数が 760 台（平日平均）以上、小型車の流入台数が平均前後の日で、緊急事態宣言やまん延防止等重点措置期間（2021 年 4 〜 6 月）を除いたもののなかから選定した。休日については、小型車の流入台数が 7,000 台（休日平均）以上で、翌日も休日である連休日から選定した。また、小型車の流入台数が非常に多い日として小型車の流入台数が 10,000 台以上の日の中から大型車の流入台数が多い、2019 年 12 月 29 日（日）を年末のシミュレーション対象として選定した。

9.3　マイクロシミュレーションの分析結果と考察

　シミュレーションは同じ設定で 30 回繰り返し、その平均値を用いてデザインの評価を行った。

(1) 駐車できない車両台数指標の考察

　表 9-1 に 2020 年 6 月 18 日（木）の需要を用いた結果のひとつとして、時間帯・デザイン別の駐車できない車両台数を示す。

　小型車は両デザインともに、どの時間帯においてもすべての車両が駐車できることがわかる。しかし、大型車・中型車は 16 時台に入った頃から徐々に駐車できない車両が発生する。ピークは両デザインともに 18 時および 22 時であることもわかる。

　また、将来デザインの場合、駐車できない中型車はどの時間帯でも存在しない。比べて、駐車できない大型車は中型車ほど減少しない。総合的には、駐車できる大型車台数を増加させているが、時間帯によっては駐車できない大型車が現在デザインよりも多い時間帯がある。これは、将来デザインの場合 15 〜 20 時に大型車がより多く駐車しているためと考えられる。

　この時間帯に流入する大型車は長時間駐車の傾向があり、15 〜 20 時で現在デザインより約 150 台多く駐車している将来デザインは、その数時間後に、長時間駐車の大型車が駐車マスを利用している影響を受けている。

　大型車の現在・将来デザインの差に着目すると、16 時から徐々に小さく

表 9-1　時間帯・デザイン別の駐車できない車両台数
（2020 年 6 月 18 日（木）の需要）

時　間	足柄現在デザイン				足柄将来デザイン				足柄現在−足柄将来			
	大型車	中型車	小型車	計	大型車	中型車	小型車	計	大型車	中型車	小型車	計
6 〜 16	0	0	0	0	0	0	0	0	0	0	0	0
16 〜 17	25	8	0	33	6	0	0	6	19	8	0	27
17 〜 18	63	26	0	89	45	0	0	45	18	26	0	44
18 〜 19	64	25	0	89	54	0	0	54	10	25	0	35
19 〜 20	46	19	0	65	42	0	0	42	4	19	0	23
20 〜 21	48	25	0	73	41	0	0	41	7	25	0	32
21 〜 22	37	16	0	53	34	0	0	34	3	16	0	19
22 〜 23	52	12	0	64	52	0	0	52	0	12	0	12
23 〜 0	29	6	0	35	27	0	0	27	2	6	0	8
0 〜 1	1	0	0	1	1	0	0	1	0	0	0	0
1 〜 2	10	2	0	12	8	0	0	8	2	2	0	4
2 〜 3	3	0	0	3	4	0	0	4	−1	0	0	−1
3 〜 4	2	0	0	2	2	0	0	2	0	0	0	0
4 〜 5	2	1	0	3	1	0	0	1	1	1	0	2
5 〜 6	0	0	0	0	0	0	0	0	0	0	0	0
計	382	140	0	522	317	0	0	317	65	140	0	205

なっている。混雑緩和の大部分は中型車によるもので、中型可能マスが飽和状態になっていないことを考えると、小型中型兼用マスの一部を小型大型兼用マスに変更し、大型車駐車可能マスを増やすことで、駐車できる大型車を増やすことができると見込まれる。

　休日需要（2019 年 11 月 2 日（土））についてシミュレーションを行った結果、どの場合でも駐車できない車両はなかった。休日は平日に比べ、大型車の流入台数が少なく、小型大型兼用マス・小型中型兼用マスを小型車が利用できる。加えて、小型車が兼用マスを利用する場合、大型車が利用する場合に比べて 2 倍の台数が駐車できるため、駐車できない車両は発生しなかったと考えられる。

　これらより、足柄 SA の混雑は主に平日に発生し、特に大型車について問題であることがわかる。表 9-2 に 2019 年 12 月 29 日（日・年末）の需要を用いた結果として、時間帯・デザイン別の駐車できない車両台数を示す。

　基本的に休日の中でも年末は大型車・中型車ともに流入台数は少なく、すべての大型車・中型車が駐車でき、かつ、大型車・中型車の兼用マス利用率が低いため、小型大型兼用マスや小型中型兼用マスは、ほぼ小型車が利用できる。しかし、小型車流入台数が多い時間帯 13 〜 14 時にピークがあり、駐車できな

表 9-2　時間帯・デザイン別の駐車できない車両台数
（2019 年 12 月 29 日（日・年末）の需要）

時　間	足柄現在デザイン			足柄将来デザイン			足柄現在－足柄将来		
	大型車	中型車	小型車	大型車	中型車	小型車	大型車	中型車	小型車
6 ～ 11	0	0	0	0	0	0	0	0	0
11 ～ 12	0	0	6	0	0	1	0	0	5
12 ～ 13	0	0	57	0	0	17	0	0	40
13 ～ 14	0	0	74	0	0	37	0	0	37
14 ～ 15	0	0	84	0	0	52	0	0	32
15 ～ 16	0	0	50	0	0	25	0	0	25
16 ～ 17	0	0	31	0	0	12	0	0	19
17 ～ 18	0	0	3	0	0	0	0	0	3
18 ～ ～ 6	0	0	0	0	0	0	0	0	0
計	0	0	305	0	0	144	0	0	161

い小型車が 12 ～ 16 時にかけて増大している。デザイン間を比較すると将来デザインは現在デザインに比べ、小型車が約 160 台多く駐車できる。小型車の駐車時間は基本的に短時間であり、長時間駐車による駐車マス利用の影響で後の時間帯で駐車できない車両が増えることもなく、すべての時間帯において駐車できない車両が少ない。この結果は、小型車の駐車需要が特に大きい年末のシミュレーションであり、混雑の比較的少ない休日であれば、駐車できない車両は発生しないと考えられる。

（2）渋滞指標の考察

　図 9-5 に時間帯別の車両停止合計（回）の平均値の差（現在デザイン－将来デザイン）を需要シナリオ別に示す。

　シミュレーションの結果、停止回数がどの駐車需要シナリオ（平日、休日、年末）でも将来デザインにおいて大きくなることがわかる。これは将来デザインでは、小型車が駐車マスから出ていくルートの途中で、駐車する、また、駐車マスから出ていく他の車両と交錯する頻度が高くなるためである。

　現在デザインでは小型車が迂回する（他の車両と交錯しにくい）ルートがあり、これにより停止回数が将来デザインよりも少なくなっている。また、停止時間と遅延時間は、小型車の流入台数が多いシナリオほど高い。これは、大型車の駐車時間が不均一であるのに対し、小型車は基本的に 1 時間未満の駐車時間が多く駐車マスから出ていくタイミングが重なりやすく、加えて、大型車に比べ回転率が高いためである。

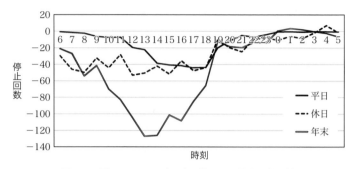

図 9-5　需要シナリオ別の時間帯ごとの停止回数の差
（現在デザインー将来デザイン）

　以上のことから渋滞緩和の対策として、駐車マスから出ていくルートを分散させること（小型車の挙動に注目した駐車案内など）が重要であると考えられる。

(3) 車両誘導方策の設定

　ここまでの分析では、効率的に SA を運用する駐車ルールを設定している。そのため、駐車マスが 1 つでも空いていれば駐車できる環境であるが、実際の SA ではどの駐車マスが空いているかはわからないため、車両のルート選択によっては駐車マスが空いていないルートを選んでしまい、駐車できない車両が発生する可能性がある。

　また、渋滞の評価において、交錯を緩和する車両案内が重要であることがわかった。特に小型車の流入台数が多い日に渋滞が起こりやすくなっていることから、小型車の駐車ルートの誘導が重要である。ここでは、2 種類の駐車ルート誘導を想定し、現実に近い車両挙動を実現させるものを設定 A、効率的でまとまった車両挙動を実現させるものを設定 B とし、駐車できない車両台数がどう変わるか、また、どちらのルート設定が渋滞の緩和に効果があるか検証する。この分析は、より車両の交錯が起きやすい将来デザインを用いて行う。

　① 駐車ルートの誘導設定

設定 A の条件は以下のとおりである。

　1) 小型車、中型車はルートを確率的に選択する。たとえば、小型車はより休憩所に近い駐車マスに駐車したくなる傾向があるため、休憩所に

近いルート選択の確率を比較的大きな値に設定している（この値の設定の参考資料はなかったので分析者の想定に基づく）。

2) 1) で選択したルートから駐車できるマスの中で駐車ルートを選択する。9.3（1）の分析では SA の入り口で駐車ルートが決定されていたが、設定 A では車両がルート選択をした直後に駐車ルートが決定される。

3) 専用マスが利用可能な状態でも兼用マスが利用できる。

4) 選択したルートのより入り口付近に駐車する。

5) 隣り合う駐車をさける。

設定 B はこれまでの分析で用いられたものと同様であるが、設定 A と異なる条件は以下のとおりである。

1) SA の入り口で駐車ルートが決定される。

2) 専用マスが利用可能な状態でのみ兼用マスが利用可能になる。

3) SA の入り口からより離れたマスから駐車する。

4) 車両は隣り合って駐車する。

② 駐車できない車両台数指標による分析結果の考察

これまでと同様、30 回のシミュレーション結果の平均をもとに考察を行う。表 9-3 に 2020 年 6 月 18 日（木）の需要を用いた結果を示す。

表 9-4 に 2019 年 12 月 29 日（日・年末）の需要を用いた結果を示す。

設定 A では駐車できない車両が非常に多い。ピーク時間帯では、設定 B の 2 倍以上、駐車できない車両が発生し、全体では設定 A・B 間で約 400 台の違いがあった。小型車について詳細に確認すると、休憩所から離れているルートを通る小型車の多くは駐車が可能であるが、休憩所に近いルートを通る小型車では駐車できない車両が発生していた。

誘導設定方法にもよるが、駐車マスの適切なデザインのあり方から見ると、休憩所から離れているルートを選んだ車両は、利用可能な駐車マスが多くなり、休憩所に近いルートを選んだ車両は、利用可能な駐車マスが比較的限られていることになる。

このため小型マスに駐車できないか、小型専用マスが空いているにもかかわらず兼用マスに駐車する事例が発生すると考えられる。

③ 混雑指標による分析結果の考察

ここでは、より混雑が激しい 2019 年 12 月 29 日（日・年末）の需要を用い

表 9-3　時間帯・誘導設定別の駐車できない車両台数
（2020 年 6 月 18 日（木）の需要）

時　間	設定 A				設定 B				設定 A－設定 B			
	大型車	中型車	小型車	計	大型車	中型車	小型車	計	大型車	中型車	小型車	計
6 〜 16	0	0	0	0	0	0	0	0	0	0	0	0
16 〜 17	7	7	0	14	6	0	0	6	1	7	0	8
17 〜 18	50	21	0	71	46	0	0	46	4	21	0	25
18 〜 19	54	18	0	72	53	0	0	53	1	18	0	19
19 〜 20	42	14	0	56	41	0	0	41	1	14	0	15
20 〜 21	42	17	0	59	40	0	0	40	2	17	0	19
21 〜 22	33	12	0	45	35	0	0	35	−2	12	0	10
22 〜 23	53	9	0	62	53	0	0	53	0	9	0	9
23 〜 0	28	6	0	34	30	0	0	30	−2	6	0	4
0 〜 1	1	1	0	2	2	0	0	2	−1	1	0	0
1 〜 2	8	4	0	12	7	0	0	7	1	4	0	5
2 〜 3	3	1	0	4	3	0	0	3	0	1	0	1
3 〜 4	2	3	0	5	2	0	0	2	0	3	0	3
4 〜 5	1	2	0	3	2	0	0	2	−1	2	0	1
5 〜 6	0	1	0	1	0	0	0	0	0	1	0	1
計	324	116	0	440	320	0	0	320	4	116	0	120

表 9-4　時間帯・誘導設定別の駐車できない車両台数
（2019 年 12 月 29 日（日・年末）の需要）

時　間	設定 A			設定 B			設定 A－設定 B		
	大型車	中型車	小型車	大型車	中型車	小型車	大型車	中型車	小型車
6 〜 10	0	0	0	0	0	0	0	0	0
10 〜 11	0	0	2	0	0	0	0	0	2
11 〜 12	0	0	52	0	0	0	0	0	52
12 〜 13	0	0	97	0	0	23	0	0	74
13 〜 14	0	0	106	0	0	39	0	0	67
14 〜 15	0	0	114	0	0	51	0	0	63
15 〜 16	0	0	85	0	0	22	0	0	63
16 〜 17	0	0	73	0	0	13	0	0	60
17 〜 18	0	0	32	0	0	2	0	0	30
18 〜 19	0	0	15	0	0	0	0	0	15
19 〜 20	0	0	1	0	0	0	0	0	1
20 〜 〜 6	0	0	0	0	0	0	0	0	0
計	0	0	577	0	0	150	0	0	427

た結果を紹介する。図 9-6 に時刻帯・誘導設定別の停止回数を示す。混雑時である時間帯 11 〜 16 時では設定 A の停止回数が多く、その他の混雑していない時間帯等では設定 B の停止回数が多くなることがわかる。これは、混んでいる SA 内で設定 A のように不規則に駐車していく場合、他車両と交錯する確率が高くなるのに対し、設定 B はエリアごとに順番に満車になっていくことに加え、SA の出口に近い兼用マスから利用するため、交錯を減らすことができることに原因がある（ただし、このシミュレーションでは歩行者を考慮していない）。一方、混雑していない場合、設定 B では他の駐車エリアに余裕があっても、一部の駐車エリアに車両が集中するため、より分散を促す誘導方策を設定することが望ましい。

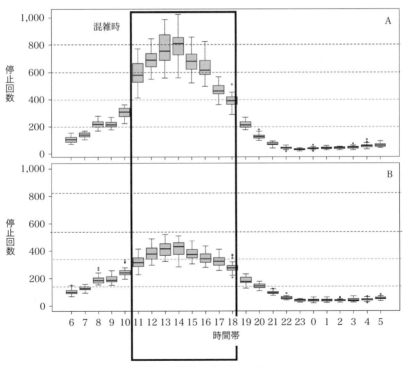

図 9-6 時刻帯・誘導設定別の停止回数
（2019 年 12 月 29 日（日・年末）の需要）

9.4　マイクロシミュレーションの有効性について

　本分析では PTV Vissim を用いて、足柄 SA をケーススタディとして、SA 内の車両挙動のシミュレーションを通じた SA 駐車場のデザインと車両誘導施策の設定に関する分析を行った。平均的な休日に関してほとんど問題は発生しないが、年末などの繁忙期のみ、小型車の混雑が発生することがわかった。このことは、日本の高速道路における SA・PA のデザイン検討の際に、車両別の需要特性を把握することが極めて重要であることを示唆している。

　車両の交錯とそれに伴う遅延については、回転率の高い小型車の影響が大きく、駐車場を出る際に時間的・空間的に分散するようにすること、また、小型車の駐車案内を適切に導入することが重要であることがわかった。シミュレーションでは、混雑している時間帯のみで駐車案内の効果が確認できたため、小型車が混む時間帯のみ駐車案内をすることで、駐車できない車両を減らすとともに錯綜も減らすことができると考えられる。

　マイクロシミュレーションを用いた分析から、単に駐車マスの容量を増加させるだけではなく、適切に車両の駐車場所を分散化することや、錯綜の生じない、駐車マスへの合理的なルート設定も重要なことがわかった。また、スマートフォンなども活用した、適切な情報提供システムの導入による駐車場所誘導の効果が高いことも分析結果から推察される。

　今後も多くの SA・PA でマイクロシミュレーションの設定を行い、日常的に種々の施策が検討される環境づくりが望まれる。

【参考文献】
1) 小西優樹, 有賀なつほ, 坂井孝典, 兵藤哲朗「高速道路 SA/PA 駐車場デザイン評価のためのマイクロシミュレーション分析」土木計画学研究・講演集, 2022, 65 (CD-ROM).

第3部

海外事例とわが国への導入

第10章　海外における長大化と電動化

10.1　海外のトラック運送

　近年、世界的にトラック運送に関する輸送需要は増加傾向がみられている。トラック業界の現状について、日本と欧州、米国との比較をまとめたのが表10-1である。運送事業者の規模（従業員、トラック台数）については、欧米では小規模な事業者が98%近くあり、日本に比べると圧倒的に多い。

　一方、人件費の割合についてはいずれもおおむね3〜4割であり、日本は欧州と近い水準になる。トラックドライバーの平均年齢については、いずれも高齢化が進行しており、日本は欧州と米国のほぼ中間にある。トラック業界の抱える課題は日本のみならず、国際的に共通する課題であることが多いことがわかる。

　このように、国内外のトラック運送において、効率的かつ持続可能な物流システムへの問題解決や新たな付加価値の創出に向けたイノベーションが求められている。イノベーションとは、新しいアイデアやアプローチを導入し、既存の方法やプロセスを改善し、よりよい結果を生み出すプロセスを表す。

　本章では、大型トラックの長大化・電動化を中心としたイノベーションの現状と今後について、欧米の取組みを紹介する。大型トラックの長大化とは、輸送の効率性向上や環境への影響軽減などを目的として従来よりも大容量となるトレーラーを導入することである。

表10-1　トラック業界の国際比較

	欧　州		日　本		米　国
運送事業者（従業員20名未満）の割合	98.0%	＞	71.3%	—	—
運送事業者（トラック台数20台未満）の割合	—	—	75.6%	＜	97.4%
運送費における人件費の占める割合	36.6〜44.6%	≒	39.6%	＞	26〜33%
トラックドライバーの平均年齢	50.0 歳	＞	48.6 歳	＞	47.5 歳

（出典：渡部（2023）[1]）

　また、大型トラックの電動化とは、大型トラックの動力源を、従来の化石燃料で駆動するエンジンから電気で駆動するモーターなど、走行時の CO_2 の排出量が全くないか、少ないものに転換することである。

10.2　トラックの長大化の現状

(1) 欧州における長大化

　近年、増加し続ける貨物輸送需要と深刻なドライバー不足から、大型貨物車の全長や総重量が大幅に緩和された大容量車両（HCV：High Capacity Vehicle）を利用した貨物輸送の省人化・効率化に向けた取組みが世界的に行われている。

　欧州において、特に北欧諸国やドイツ、オランダなどを中心に、大型貨物車の全長・総重量の規制緩和に対して各種の実証実験が行われている。HCV が導入される契機は、1995 年のスウェーデンとフィンランドの欧州連合（EU）への加盟であった。両国では EU 域内の規定である全長 18.75m・総重量 40 ～ 44 トンよりも大型の車両をすでに利用していたことから、環境や競争力の面で EU の規制を受け入れることができなかった。

　そこで、EU において欧州理事会指令「96/53/EC」が制定され、標準化された European Modular System（EMS）を使用することを条件とし、車両の全長と総重量を緩和することを認めた。

　HCV 導入による影響については、メリットとデメリットがある。まずメリットについては、車両運用コストの低減、なかでも省人化が最も大きな効果が見込まれている。たとえば、図 10-1 のように、従来であればドライバー 3 人が必要であった輸送が、全長の規制緩和により 2 人で済むこととなる。その一方で、デメリットとして、逆モーダルシフト（鉄道や水運からトラックへの移行）や道路インフラへの追加投資（橋梁補強や駐車場整備など）、交通事故の増加が挙げられている。

　欧州の主要国と日本における HCV の制限値は、表 10-2 のようにまとめることができる。この結果から、大型貨物車の全長は 25.25m が主流であるものの、総重量は 60 トンを中心に各国で制限値が異なっている。とりわけ北欧諸国を中心に、全長・総重量ともに規制緩和が進んでいることがわかる。

　主な国の HCV への対応状況の特徴について、スウェーデンでは全長とともに総重量を大幅に緩和（積極的導入）、オランダでは全長・総重量を緩和（本

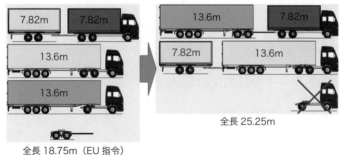

図 10-1　EMS によるトラックの編成例
（出典：渡部（2021）[2]）

表 10-2　欧州主要国との HCV 導入の比較

国　名	総重量	全　長	導入年	備　考
イギリス	44 トン	18.75m	2012	長期実証実験
オランダ	60 トン	25.25m	2013	特別許可
ノルウェー	60 トン	25.25m	2014	長期実証実験
スペイン	60 トン	25.25m	2016	
ドイツ	40/44 トン*	25.25m	2017	通行区間制限あり
スウェーデン	74 トン	25.25m	2018	
フィンランド	76 トン	34.50m	2019	
日　本	44 トン	25.00m	2019	通行区間制限あり

＊　鉄道・船舶との複合輸送に限定した緩和

（出典：渡部（2021）[2]）

格的導入）、ドイツでは総重量は緩和せず、全長を条件付きで緩和（制限的導入）、イギリスでは総重量は緩和せず、セミトレーラーの全長を 18.75m とした実証実験を行い限定的に緩和（消極的導入）、とまとめることができる。

　なお、日本における HCV 導入は、総重量は緩和せず、全長を条件付きで緩和（制限的）しているドイツと類似しているといえる。

(2) 欧州主要国における導入形態の比較

①　スウェーデン：積極的導入

　スウェーデンは広大かつ平坦な国土であるとともに、林業が盛んであることから、重くて嵩張る木材を輸送するために、フィンランドとともに歴史的に HCV を積極的に導入してきた。先述のとおり、EU 加盟の後、1998 年に全長

24m から全長 25.25m・総重量 60 トンへの規制緩和が行われた。2007 年に木材を対象とした ETT Modular System（全長 32m・総重量 90 トン）、2014 年に一般貨物を対象とした DUO2-project（全長 32m・総重量 80 トン）の実証実験が開始された。

さらなる総重量の緩和に向けて、道路網や橋梁の調査が行われ、耐荷重に応じた道路種別が 3 種類指定された。2015 年には一部区間で総重量 64 トン、2018 年には総重量 74 トンの運用が開始された。現在、全長 34.5m への緩和が検討されている。

② オランダ：本格的導入

オランダでは、全長 25.25m・総重量 60 トンに、全長・総重量ともに規制緩和が行われ、HCV 車種が 7 種類導入されている。表 10-3 のように、2001 年から段階的に導入を進めており、2007 ～ 2011 年にかけて、全長 25.25m・60 トンで調査研究と実証実験が行われた。

その結果、経済・物流・社会への影響、交通安全、環境影響・モーダルシフトなどの検討項目において悪影響がないことが確認された。そこで 2013 年から、国の特別許可を受けたうえで、道路網の一部で許可されている。その後の HCV の登録台数は、図 10-2 のように、本格導入後の 5 年間で約 2 倍となるなど、大幅な増加傾向にある。

なお、駐車施設の整備は、トレーラーの連結・解除スペースの整備の必要性とともに実証実験で得られた課題として挙げられており、高速道路外の駐車場が積極的に利用されている事例も報告されている。

隣国のベルギーにおいても、北部フランデレン地域において、2014 年からオランダと同一規格での実証実験が行われ、2018 年から全高速道路に拡大された。また、オランダとの越境輸送が許可されており、今後さらなる利用拡大が見込まれている。

表 10-3　HCV の段階的導入（オランダ）

年	内　容
1995	机上検討
2001 ～ 03	第一次実証実験（小規模：4 社）
2004 ～ 06	第二次実証実験（大規模：66 社）
2007 ～ 11	第三次実証実験（体験フェーズ：196 社）
2013 ～	本格導入（全高速・幹線道路、主要道路）

（出典：渡部（2021）[2)]）

③　ドイツ：制限的導入

ドイツでは、全長が 25.25m に緩和されたものの、総重量の緩和は行われず、走行区間の制限が大きいことが特徴である。2012 〜 2016 年にかけて、連邦道路交通研究所（BASt）による調査研究と実証実験が行われた。その結果、既存の橋梁強化のために多額

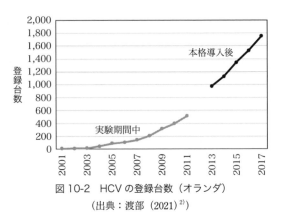

図 10-2　HCV の登録台数（オランダ）
（出典：渡部（2021）[2]）

の費用がかかることから、都市部や近郊での導入は見送られるなど、通行可能な道路は制限されることとなった。なお、実証実験でのドライバーへの調査の結果、駐車施設の確保が最も大きなストレスであったという報告がなされている。

　また、陸運系物流企業を中心に普及促進活動「EMS Forum」が進められる一方、鉄道系フォワーダー（鉄道貨物を主に取り扱う貨物利用運送事業者）を中心に、逆モーダルシフトへの懸念から大規模な反対運動「No Megatrucks」が展開された。その結果、重量は 40 トンに制限されるものの、鉄道や船舶を利用した複合輸送での利用の場合に限り 44 トンへの総重量の緩和が認められることとなった。これにより、2017 年 1 月から 16 連邦州のうち 13 州は、全長 25.25m 車両の使用が許可された。2017 年 12 月には、さらに 2 つの州が追随し、残すはベルリン州のみとなった。

　④　イギリス：消極的導入

　イギリスでは、セミトレーラーの全長を 18.75m に緩和した実証実験が行われている。2008 年に交通研究所（TRL）により、HCV の全長と総重量に基づいた 8 つのシナリオに対する比較分析が行われた。その結果、「全長 18.75m・総重量 44 トン」のシナリオにおいて、車両キロ、貨物輸送コスト、および CO_2 排出量が減少すると試算された。

　一方、全長 25.25m への緩和は、駐車施設への投資（新設・更新）、道路網の管理（ルート制限、都心内進入禁止など）、モーダルシフト（特に総重量の緩和による海上コンテナ輸送の鉄道事業に大きな脅威となる可能性）の点で深

刻な悪影響を及ぼす可能性があると示された。

　その後の政府による検討の結果、総重量の緩和は行わず、全長 25.25m への緩和は当面の間検討を行わないことを決定した。そして、Longer Semi-Trailer (LST) と呼ばれる全長 18.75m のセミトレーラーの実証実験が 2012 年から実施され、運行関係データ（ログデータ起終点の位置と時刻貨物品目、積載率など）とすべての事故に関する自主報告が行われている。実証実験は 10 年間続けられた結果、輸送の効率性と安全性が確認されたため、2023 年 5 月に正式導入が決定した。

10.3　トラックの電動化

(1) 車両の電動化の進展

　近年、乗用車を中心として車両の電動化が進んでいる。日本では、EV（電気自動車）、FCV（燃料電池車）、PHV（プラグインハイブリッド車）、HV（ハイブリッド車）を電動車と位置付けており、2035 年に乗用車に占める電動車の比率を 100％とする目標を立てている。なお、電動化の目標の範囲、時期、水準は国によって異なる。たとえば EU では、EV と FCV のみで 2035 年までに 100％とすることを、米国では、EV、FCV、PHV で 2030 年までに 50％とすることを、それぞれ目標としている。

(2) トラックの電動化の進展

　従来、乗用車に比べて重量が大きいトラックの電動化は、出力だけでなく、航続距離の短さや充電時間の長さを要因として、その難しさが指摘されてきた。しかし、近年、集配用の小型トラック（最大積載量 1 トン程度）では、宅配便事業者を中心に電動化が広がっている。たとえば、ヤマト運輸株式会社と佐川急便株式会社はいずれも 2030 年までに約 2 万台、約 7 千台の EV 化を、日本郵便株式会社は 2026 年までに約 1.2 万台の EV 化を掲げている。これは、集配用の小型トラックは短距離運行が多いために、バッテリー容量、すなわちコストを抑えられること、また固定的なルート配送が基本のため、充電切れや充電待ちなどのリスクが小さいことによるものと考えられる。

　一方で、従来、電動化が難しいとされてきた、中型・大型トラックも 2023 年 9 月にヤマト運輸が車両総重量 5.9 トン（最大積載量 2 トン）の EV トラックを約 900 台導入すると発表するなど、少しずつ電動化の傾向がみられる。な

表 10-4　FCV トラックと EV トラックの比較

特　徴	FCV トラック	EV トラック
特　徴	長距離走行が可能	近距離の配達を想定
荷台の広さ	ガソリン車とほぼ同じ	電池量を増やせば、スペースを圧迫
充填、充電の時間	水素の充填に 3 分程度	急速充電：30 分程度 電池交換式：数分
充填、充電できる設備の数（日本国内）	水素ステーション：約 160 か所（設備にコストがかかる）	急速充電設備：約 8,000 か所（比較的安価に整備できる）
走行時の CO_2 排出量	どちらもゼロ	

（出典：読売新聞（2022/1/1）をもとに筆者作成）

お、EV トラックの特徴について、表 10-4 のように FCV トラックとの比較をまとめることができる。

　また、国際エネルギー機関（IEA）の推定によると、2022 年には世界で約 6 万台の電動トラック（中型・大型）が登録されている（IEA（2023）[3]注）。このうちの多くは車両総重量が 4.5 トン未満のトラックであるものの、登録台数が約 5.2 万台と最も多い中国では、中型・大型トラックの販売額の 4％を占めるまでに至っている（図 10-3）。また、欧州自動車工業会（ACEA）によれば、車両総重量 16 トン以上の電動トラック（プラグインハイブリッド車を含む）が、2023 年の第 1・2 四半期に、ドイツだけで 228 台、EU 加盟国全体で 1,099 台登録されており、前年同期比で約 3 倍の伸びをみせている。

(3) 大型トラックの電動化の事例

　乗用車の電気自動車で有名な米国のテスラ社は、電気自動車の大型化にも積極的に取り組んでおり、2022 年 12 月から電動大型トラック（トラクター）「Semi」の生産と、ペプシコなどの顧客への納車を開始している。

　「Semi」の概要は表 10-5 のとおりである。長い航続距離と低い電費が特徴で、燃料費は最初の 3 年間で最大 20 万ドルの節約を可能としている。現時点ではまだ 70 台程度の販売実績であるものの、2024 年後半とされる量産開始後は、年間 5 万台を想定しているとされている。

　また、North American Council for Freight Efficiency（NACFE）が 2023 年 9 月に開催した走行情報を追跡するイベントによれば、ペプシコに納入された車両は 1 日平均約 574 マイル（約 924km）走行し、その走行距離の 60％は重量が 72,000 ポンド（約 32 トン）以上の状態であった。大型トラックの電動化

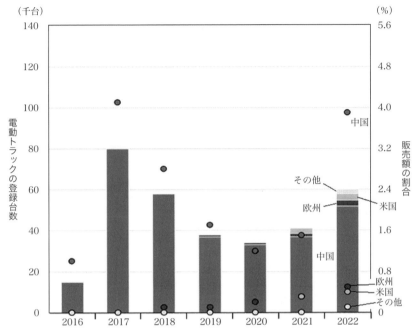

図 10-3　電動トラックの登録台数の推移

（出典：IEA（2023）[3]をもとに作成）

表 10-5　テスラ社の「Semi」の仕様

項　目	数　値
車両総重量（連結時）	82,000 ポンド（約 37 トン）
航続距離	約 300 ～ 500 マイル
エネルギー消費	2kWh 以下 / マイル
急速充電	30 分で最大 70% 充電

（出典：TESRA, https://www.tesla.com/semi をもとに作成）

図 10-4　ペプシコに納車されたテスラ社の Semi

（出典：Run On Less, https://runonless.com/）

が実現可能であることがうかがわれる。

注）IEA では、総重量 3.5 トン未満の車両を小型商用車、3.5 〜 15 トンの車両を中型トラック、15 トン以上の車両を大型トラックと分類している。

【参考文献】
1) 渡部大輔「物流の『2024 年問題』の先を見据えた物流イノベーション〜大型トラックの長大化と自動化を中心に〜」ていくおふ，2023，173，pp.15-23.
2) 渡部大輔「欧州における大容量貨物車の現状と我が国のダブル連結トラックの普及への示唆」交通工学論文集，2021，7 (5)，pp.20-27.
3) International Energy Agency "Global EV Outlook 2023", 2023.

第11章　ドイツにおける縦列駐車場の展開

　高速道路のSA・PAにおける大型車駐車場は、高速道路を利用するトラックドライバーの休憩・休息機会の確保に極めて重要なインフラである。ただし近年、夜間の混雑が問題となっている。第6章でみたように、NEXCO各社もSA・PAのレイアウトの見直しなどを通じて駐車マス数の拡充を進めており、混雑状況は改善しているものの、十分な解決には至っていない。2024年4月から適用される改善基準告示の厳格化などを踏まえると、駐車マス不足問題の解決は喫緊の課題である。

　この課題に関して、「高速道路SA・PAにおける利便性向上に関する検討会」(2023) では、駐車容量・駐車効率の向上、大型車長時間駐車への対応策を複数検討、指摘している[2]。そのうちの「車種・駐車時間を限定した駐車マス等の整備」に関する新たな対策のひとつが、ドイツで進められているテレマティクス技術（車両管理のための通信技術）を用いた縦列駐車場の導入である。本章では、この縦列駐車場の概要を整理するとともに日本への示唆を論じる。

11.1　ドイツにおける高速道路の休憩施設と駐車マスの不足

　ドイツの高速道路の延長は約13,000kmであり、その休憩施設としては主に経営的休憩施設、非経営的休憩施設、アウトホーフの3種類がある（表11-1）。連邦道路交通研究所（BASt）の調査によると、日本と同様に、ドイツでも夜間の貨物車用駐車マスの慢性的な不足問題を抱えている（表11-2）。ドイツでは、今後も貨物輸送量が増加すると予測されており、この不足問題の解決は重要な政策課題となっている。

　この貨物車用駐車マスの不足問題に関して、連邦デジタル・交通省（BMDV）は、2020年1月に「5つの重点計画」を公表している（表11-3）。「5つの重点計画」では、実施すべき対

図11-1　アウトバーンのトラック駐車場

表 11-1　ドイツにおける高速道路の休憩施設の種類

施設名	特　徴	設置者	設置数
経営的休憩施設	給油・飲食・宿泊施設等	道路管理者 （連邦政府）	約 450 か所 （50 〜 60km 間隔）
非経営的休憩施設	通常トイレのみ	道路管理者 （連邦政府）	約 1,500 か所 （15 〜 20km 間隔）
アウトホーフ	アウトバーン付近に立地	民間企業	約 220 か所

（出典：BASt（2019）[3]）

表 11-2　夜間の貨物車用駐車マスの不足状況

調査年	駐車容量	駐車台数	不足数
2008 年	53,871 台	68,139 台	14,268 台
2013 年	60,410 台	71,343 台	10,933 台
2018 年	70,772 台	94,119 台	23,347 台

注）22 〜 3 時の数値

（出典：BASt（2019）[3]）

表 11-3　5 つの重点計画

項　目	内　容
駐車場の新設	トラック駐車場新設への投資
縦列駐車場の導入と強化	従来型駐車場の拡張と同等の扱い
駐車場誘導システムの導入	空き駐車スペースを本線で表示
既存ストックの最適活用	トラックと乗用車の一時的な混合利用、非経営的 休憩施設の貨物車用駐車マス上限（50 台）の撤廃
高速道路周辺における新たな 駐車場モデルの検討	アウトバーン周辺の民有地の貨物車用駐車場への 転用目的での改装に対する補助金の交付

策として、「駐車場の新設」や「駐車場誘導システムの導入」などとあわせて「縦列駐車場の導入と強化」を掲げている。

11.2　ドイツにおける縦列駐車場の概要

（1）縦列駐車場とは

　駐車場における駐車マスは、前進または後退で駐車するため、通常、駐車マスの前後またはどちらか一方には進入・退出のための通路がある（従来型の駐車場）。これに対し、縦列駐車場とは、前後に 3 台以上の車両が駐車可能な駐車列が複数並んでいる駐車場である。そうすることで、従来型の駐車場と同一面積の土地に、より多くの車両を駐車することができる。

　その一方で、先頭および最後尾以外の車両は、前後左右に車両が駐車してい

るため、駐車場から出発したいときに出発できないという問題が生じ得る。そのため、自車よりも前の車両が確実に先に出発する駐車の順番の確保が不可欠であり、ドイツではそのためにテレマティクス技術を用いている。

この縦列駐車場には、隊列駐車場（Kolonnen-parken）とコンパクト駐車場（Kompaktparken）

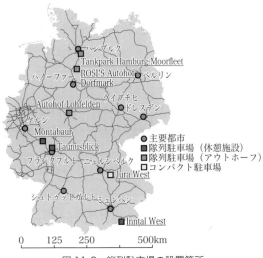

図11-2 縦列駐車場の設置箇所

の2種類があり、現時点で隊列駐車場が6か所、コンパクト駐車場が1か所存在している（図11-2、表11-4）。なお、ドイツでは、環境影響評価の厳格化に伴い、休憩施設の新設、拡張が難しく、従来型の駐車場を縦列駐車場に転換することで駐車容量の拡大が図られている。

表11-4 縦列駐車場の一覧

種類	名称	設置箇所	導入年	駐車容量
隊列駐車場	Montabaur	ラインラント・プファルツ州、A3の休憩施設	2005年	69台
	Autohof Lohfelden	ヘッセン州、A7／A49沿線のアウトホーフ	2009年	約175台
	Tankpark Hamburg Moorfleet	ハンブルク州、A1沿線のアウトホーフ	不明	不明
	Inntal-West (Kiefersfelden-West)	バイエルン州、A93の休憩施設	2018年	93台
	Taunusblick	ヘッセン州、A5の休憩施設	2020年	133台
	ROSI'S Autohof Dorfmark	ニーダーザクセン州、A7沿線のアウトホーフ	2022年	100台
コンパクト駐車場	Jura-West	バイエルン州、A3の休憩施設	2016年	約105台

(2) 隊列駐車場（Kolonnenparken）の概要

隊列駐車場の利用方法は次のとおりである。

①　ドライバーは入口のゲート（図 11-3（左））の手前にある発券機（図 11-3（右））で出発希望時刻を入力する。

②　その車両に適した駐車列がアルゴリズムに基づき割り当てられ（自動測定した車長も考慮）、駐車券が発行される（図 11-4（左））。

③　ドライバーは、指示された駐車列に進み、駐車する（図 11-4（右））。

④　各駐車列は、出発予定時刻が一番早い車両を先頭に形成される（図 11-4（右））。

ゲートを通過したすべての車両は、一時的な ID を付されて管理されている。仮に、ある車両が指示された駐車列に駐車しなかった場合でも、その車両を移

図 11-3　ゲートと発券機

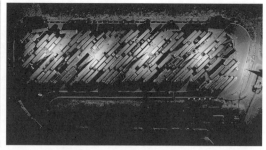

この駐車券では、駐車列 17 に駐車すること、駐車時間は 11 時間であること、出発時刻は 9:10 であることが示されている。

図 11-4　駐車券の発券後、指示された駐車列に進む

（出典：TelarTec GmbH）

動させるのではなく、その車両の後方にはその車両よりも出発予定時刻の遅い車両を誘導することで対処している。

表 11-4 の最上段にある Montabaur の隊列駐車場は、パイロットプロジェクトとして整備された駐車場である。その開発費の集計はされていないが、おおむね、初期費用は 100 万ユーロ、維持費用は年間 3 万ユーロ程度である。また、日中の稼働状況は 30 〜 40％である一方で、夜は遅くとも 20 時には満車になることが多い。

隊列駐車場の導入による駐車マス数の増加例としては、Montabaur が 27 台（42 台から 69 台へ）、Taunusblick が 59 台（74 台から 133 台へ）などであり（図 11-6）、おおむね 1.5 倍に増えている。

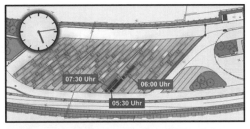

図 11-5　隊列駐車場の仕組み
（出典：BASt（2017b）[4]）

図 11-6　Taunusblick の整備前（上）と整備後（下）の比較

（出典：TelarTec GmbH）

（3）コンパクト駐車場（Kompaktparken）の概要

コンパクト駐車場にはゲートは設置されていない。そのため、ドライバーは、駐車場に進入した後、頭上の表示板に表示されている出発時刻のなかから、自身の出発予定時刻に適した駐車列を選択し、駐車する（図 11-7）。したがって、隊列駐車場との主な相違点としては、ゲートがないこと、ドライバー自身が駐車する駐車列を選択することが挙げられる。また、表示される出発時

刻は時間の経過とともに変化し、結果的に、各駐車列には出発予定時刻が早い順に車両が駐車することとなる（図11-8）。駐車している車両の出発予定時刻は、駐車場内に設置されているモニターでも確認できる（図11-9）。頭上の表示板は駐車場が混雑する18時から8時まで稼働している。

なお、コンパクト駐車場の導入目的は、テレマティクス技術を用いた駐車場における、隊列駐車場以外の選択肢の確保である。そのため、BASt が中心となったプロジェクトを通じて開発され、ライセンス料が無料であるという特徴がある。

図11-7　表示板における出発時刻の表示
（出典：BayernInfo, https://www.bayerninfo.de）

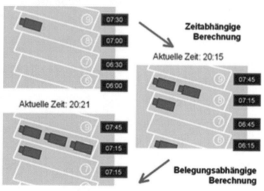

図11-8　駐車列ごとに表示される出発時刻の変化
（出典：BASt（2017a）[5]）

（4）2つの縦列駐車場の比較と日本への示唆

　以上の概観から、隊列駐車場とコンパクト駐車場は、基本的なアルゴリズムはほぼ同じであるものの、駐車列の選択方法が異なるため、構造も異なっていることがわかる。また、アルゴリズム自体も比較的単純だが、これはドイツの高速道路を走行している貨物車の多くがセミトレーラーで車長がほぼ一定であること、法定の休息期間が最低11時間と長く、多くの車両が夜間、休息目的で長時間駐車するために休憩施設を利用することに起因するものと考えられる。

　これに対して、日本では、貨物車のサイズがまちまちであること、休息期間

が最低8時間（2024年4月から
最低9時間）と短く、また休息目
的の長時間駐車、休憩目的の短時
間駐車、さらに時間調整目的の短
時間・長時間駐車の車両が混在し
ている。したがって、日本に縦列
駐車場を導入するにあたっては、
利用環境にあわせた修正が求めら
れる。ただし、上述したように、

図11-9　駐車車両のモニター画面

縦列駐車場の最大の特長は、面積当たりの駐車台数の増加であり、日本に導入
することで、現状を大きく改善する可能性を有している。

　なお、日本への導入にあたり、隊列駐車場とコンパクト駐車場のメリットと
デメリットを整理した（表11-5）。表11-5からは、隊列駐車場のメリットとし
て、システムが判断する領域が大きく（ドライバーへの依存度が低く）、アル
ゴリズム通りの運用が容易であることが挙げられる。反対に、コンパクト駐車
場はドライバーへの依存度が高く、アルゴリズム通りに運用できないリスクが

表11-5　隊列駐車場とコンパクト駐車場の比較

項目	隊列駐車場	コンパクト駐車場
メリット	①駐車列の選択においてドライバーへの依存度が低く、アルゴリズム通りの運用が容易 ②ドライバーに「入力した出発希望時刻に基づき指定された正規の駐車列」を選択する心理的効果あり ③システムが駐車可能か否かを判断可能 ④システムが代替出発時刻を提案可能 ⑤システムが誤駐車に対応可能（現在は正規の駐車列への移動指示、誤駐車の取り締まり等は行っていないが、今後は取り締まり等の実施も可能と考えられる）	①ゲートがなく、無料であることが明確 ②発券機が不要（駐車券なし） ③BAStが開発したシステムを使用しており、ライセンス料の負担が不要
デメリット	①ゲートがあるため、有料と誤解される可能性あり ②発券機が必要（駐車券あり） ③ゲートの前に進入路が60m以上（うち直線距離25m以上）必要 ④民間企業が開発したシステムを使用しており、ライセンス料の負担が必要	①駐車列の選択においてドライバーへの依存度が高く、アルゴリズム通りに運用できないリスクあり ②システムが誤駐車に対応できず、駐車時に表示板に表示されている出発時刻に従ったかどうかの検証が困難 ③大規模なガントリー（表示板）が必要であり、高コスト

ある。また、隊列駐車場は、大規模なガントリーが必要となるコンパクト駐車場に比べて安価に提供することができる。

　その一方で、コンパクト駐車場には、ゲートがなく無料であることが明確とのメリットがある。隊列駐車場はゲートがあるため、有料と誤解されるケースが生じている。

　このように、それぞれ優劣があるものの、表11-5に示すメリットとデメリットの総体的な比較からは、隊列駐車場の方が優位といってよいのではないだろうか。実際に、ドイツにおいても、コンパクト駐車場は1か所のみであり、最近の導入例はすべて隊列駐車場となっている。

11.3　日本への導入に向けて

　ドイツにおける縦列駐車場の導入の背景には、環境影響評価の厳格化に伴う休憩施設の新設、拡張の困難性がある。日本でも、物理的な制約から休憩施設の新設、既存の休憩施設の拡張は容易ではなく、縦列駐車場の導入効果は、ドイツと同様に大きいものと期待される。

　一方で、日本とドイツの駐車環境の違いを考えると、日本での導入にあたっては、短時間駐車車両向けの駐車列の設定をはじめとする修正・検討が必要になる。ただし、この駐車マス不足問題の解決は、2023年8月に公表された「持続可能な物流の実現に向けた検討会　最終取りまとめ」「物流革新に向けた政策パッケージについて」など[6)7)]においても取り上げられている重要な課題でもある。今後、日本においても、縦列駐車場のような新たな手法も積極的に検討、導入していくことが求められているのではないだろうか。

【参考文献】
　1) 味水佑毅，稲庭暢，根本敏則「ドイツにおける縦列駐車場の展開—高速道路の休憩施設における駐車マス不足問題の解決に向けて—」高速道路と自動車，2023，66 (9)，pp.27-31.
　2) 日本高速道路保有・債務返済機構「高速道路 SA・PA における利便性向上の方向性　中間とりまとめ」，2023.
　3) BASt "Lkw-Parksituation im Umfeld der BAB 2018: Bundesweite Erhebung der Lkw-Parksituation an und auf BAB in Deutschland in den Nachtstunden", 2019.
　4) BASt "Wirtschaftlichkeitsbewertung besonderer Parkverfahren zur Lkw-Parkkapazitätserhöhung an BAB", 2017 (b).
　5) BASt "Telematisch gesteuertes Kompaktparken für Lkw-Grundlagen und Entwicklung", 2017 (a).

6) 経済産業省「持続可能な物流の実現に向けた検討会　最終取りまとめ」, 2023, https://www.meti.go.jp/shingikai/mono_info_service/sustainable_logistics/pdf/20230831_1.pdf（2023.12.20 確認）
7) 経済産業省「物流革新に向けた政策パッケージについて」, 2023, https://www.meti.go.jp/shingikai/mono_info_service/sustainable_logistics/pdf/011_s01_00.pdf（2023.12.20 確認）

第12章　わが国のコンパクト駐車場の導入可能性分析

　本章では、前章で紹介したドイツにおけるテレマティクス技術を用いた駐車場のうち、コンパクト駐車場（CP）について、わが国への導入可能性分析を行った研究事例を紹介する。

　CP は、駐車列ごとにあらかじめ表示される出発時刻をもとに 3 台以上の縦列駐車を行うことで駐車容量拡大を達成する。そのため、前後車両に挟まれる車両の出発を妨げないための出発時刻管理が重要となる。そこで、本研究では特に 2 つの点に着目した。

　1 つ目は対象となる地域における出発予定時刻や駐車時間の分布である。ドイツとわが国ではその特性が異なるため、CP の容量拡大効果も異なることが予想される。

　2 つ目は出発時刻の遵守率である。不遵守車の発生頻度によって容量拡大効果が相殺されたり、間に挟まれた車両が予定通りの時刻で出発できなかったりすることが懸念される。

　また、本研究では、わが国の高速道路 SA・PA で課題となっている長時間駐車車両による駐車容量不足と、現行のドライバーの労働基準で規定されている 1 日 8 時間以上の休息義務（2024 年 4 月からは 9 時間以上）を考慮し、特に 8 時間以上の長時間駐車車両を優先的に駐車させる CP の運用を前提とした[注]。以降では、CP の導入可能性検討のためのシミュレーション開発、東名高速道路の海老名 SA におけるケーススタディの結果、CP 導入にあたっての課題について紹介する。

12.1　出発時刻管理を考慮した駐車シミュレーションの開発

（1）コンパクト駐車場（CP）の運用方法の仮定

　前章でも紹介したが、CP とは図 12-1 に示すとおり、複数の車両（ここでは 3 台）が前後に縦列配置されることで、限られた敷地で駐車容量を拡大する駐車方法である。各駐車マスの入口には動的出発時刻が表示され、貨物車両は希望出発時刻に最も近い出発時刻が表示されている駐車マスにドライバーの判断で駐車を行う[2]。

　動的出発時刻表示は 15 分経過ごとに各車列レーンの表示時刻を 15 分遅い時

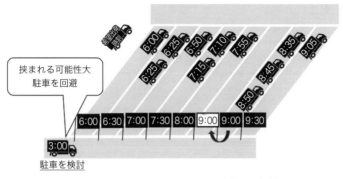

図 12-1　トラックドライバーの駐車位置選択例

間に逐次更新することで、後の（将来の）時刻で到着する車両の出発時刻に応じて各駐車列のマスを有効活用できるようにする。結果的に、希望出発時刻が先の車両が後続車よりも前に配置され、同じ駐車列の車両同士が出発を妨げる可能性を低下させている。

　動的出発時刻表示は、図 12-1 に示すとおり当該エリアに進入してきた方向から手前が短時間の駐車列、奥に行くにつれて長時間の駐車列となっており、欧州地域における実証実験では基本的に駐車列ごとの表示間隔は 30 分となっている。また、需要が重なり 3 台の駐車列が満車になる場合、図 12-1 の 9:00 の時間表示の例のように手前の時刻表示を満車になった列の時刻に変更することで、当該出発時刻向けの駐車容量を増加させている。出発に関しては、駐車列の中央（後続車がいない場合のみ）や後方からのバックによる出発も可能としている。

　以上が CP の既存の運用方法であるが、貨物車の希望出発時刻と動的出発時刻表示が近い場合においては、同じ駐車列の他の貨物車も近い出発時刻であり、前後車両に挟まれて出発時刻が大幅に遅れるようなことはないため駐車を躊躇する車両は少ないと考えられる。ここで、現在時刻が 22:00 であり、図 12-1 の例のように動的出発時刻表示の最も早い時間が 6:00 のパーキングに、3:00 が希望出発時刻である貨物車が駐車位置の選択を行う場合を考える。表示時刻が 6:00 の駐車列に駐車したあとに、後ろに 6:00 の希望出発時刻を保有する貨物車が駐車すると、3:00 の貨物車は真ん中で挟まれ、希望出発時刻に出発ができなくなる。このように駐車をする駐車列の動的出発時刻表示と貨物車

の希望出発時刻の差が大きいほど、他車に挟まれて出発が遅延する可能性が高くなるため、時間差が大きいほど駐車を回避する可能性が高いと考えられる。

(2) 駐車シミュレーションの開発

　前節の仮定を踏まえ、出発時刻管理を考慮した駐車シミュレーションの開発を行う。通常のノーマル駐車場 (NP) がすべて CP に置き換わることはドライバーの理解が得られないと考えられることから、NP と CP が共存する SA を想定する。なお、本研究では簡略化のため貨物車のみを対象にシミュレーションを行っており、貨物車以外（バス等）の大型車は考慮していない。

　SA に駐車する貨物車の駐車位置の選択のフローを図 12-2 に示す。本研究では 8 時間以上の駐車を行う貨物車を優先することを考え、CP の動的出発時刻表示は現在時刻から 8 時間以上の表示のみを行う。よって、休憩時間 8 時間未満の貨物車は NP のみでの駐車選択となる。

　CP への駐車を考える際、前節で示したとおり、動的出発時刻表示と希望出発時刻の差である time lag が大きいほど、間に挟まれ出発が遅延する可能性が高まるため、駐車を回避する可能性がある。そこで、time lag が大きいほど CP への駐車選択確率が低下する設定とした（time lag が 0 分でほぼ 100%、30 分で 50%、1 時間でほぼ 0% となるロジスティック関数を使用）。この選択確率をもとに CP への駐車を回避した長時間駐車貨物車は NP への駐車を選択

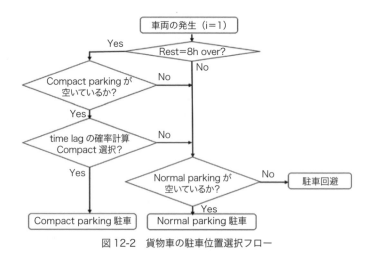

図 12-2　貨物車の駐車位置選択フロー

し、満車の場合は駐車できず当該 SA は利用しないことを前提とした。

次に、駐車を行った車両の出発について示す。駐車を行った各貨物車は ETC/FF データより希望出発時刻を保持している。各貨物車は時刻が希望出発時刻になった際に、前後が他車に挟まれていない場合は出発する。前後に挟まれて出発できない場合は、どちらかの貨物車が出発するまで待機し、どちらかが出発した際に同時に出発する。この、希望出発時刻と実際の出発時刻の差を time lag として算出する。シミュレーションでは、駐車需要と駐車選択を確率的に決定しているため乱数を活用したモンテカルロシミュレーションとして 40 回の実行結果の平均値で評価を行っている。

次に、CP の効果分析で重要な変数となる出発時刻表示の方法について説明する。CP において動的出発時刻表示の方法は重要であり、初期表示の与え方によっては駐車する貨物車に大きな time lag が発生し、多くの貨物車が駐車を回避するため利用効率が低下することが懸念される。既往研究における海外の CP の動的出発時間表示の方法は隣り合う駐車列ごとで等間隔（標準的には 30 分）に表示を行う単純なものである[1]。しかし、駐車する貨物車の休憩時間に偏りがある場合を考慮すると、等間隔に表示を行うより、需要に合わせた時間表示を初期値として設定することで、time lag を最小化でき、CP の駐車回避も減少させることができる。今回、動的出発時刻表示の方法として以下の 2 通りを試行する。

① 30 分ごとの等間隔での時刻表示（30 分間隔型）

「30 分間隔型」はドイツにおける CP を紹介している既往研究[2]で用いられている方法で、本研究では 15 時以降の到着車両かつ 8 時間以上の駐車をする車両を対象にするため、15 時時点の初期時刻表示をその時刻から 8 時間後の 23:00 を基点に 30 分間隔で 23:30、24:00、0:30、…と駐車列ごとに等間隔で表示させる。

前節で示したとおり、時間経過とともに各表示時刻は 15 分ごとに 15 分ずつ遅い時刻に逐次更新し、満車駐車列発生時には後続駐車列の時刻を満車駐車列時刻に変更する。この方法は広範囲の出発時刻を網羅することはできるが、休憩時間に偏りがある場合においては需要との乖離が生じ、駐車回避が増え、駐車マスの使用効率が低下する。

② 過去のデータに基づいた時刻表示（過去データ型）

「過去データ型」は過去の貨物車の休憩時間の分布を用いて初期の出発時間

表示を決定する方法である。本研究で活用した ETC/FF データには毎日のデータが記載されているため、今回の分析対象日時である 2019 年 12 月 11 日（水）以前のデータを過去データとして用いて出発時間表示を決定する。出発時刻の分析から、曜日別で傾向が異なることが示されたため、過去データは同一曜日のみを扱う。ここでのシミュレーションは 2019 年 12 月 11 日（水）を対象としているため、それ以前の毎水曜日のデータを過去データとして扱う。手法としては時刻別需要で重み付けをした時刻表示を行う。

たとえば、CP の駐車列が 30 レーンあり、過去の駐車時間別の台数比率が「8 時間：40%、8.5 時間：30%、9 時間：30%」だとしたら、15 時時点の初期表示は「23:00：12 レーン、23:30：9 レーン、24:00：9 レーン」となる（適宜、整数になるように四捨五入）。初期時刻以降は、時間経過とともに 15 分ごとにそれぞれの時刻表示が更新されることや、満車駐車列発生時の時刻変更は「30 分間隔型」と同様である。

12.2　シミュレーション分析の結果

(1) ケーススタディの条件設定

前節で説明したシミュレーションを用いて、CP の導入効果を分析する。ケーススタディの設定条件を表 12-1 に示す。

わが国でも特に混雑が激しい海老名 SA（上り）を対象とし、長時間駐車をする車両で混雑が生じ始める夕方前から翌朝までを分析した（駐車需要の特徴は第 7 章参照）。海老名 SA（上り）の既存の通常マスを一部 CP に置き換えることを考える。ここで、CP に置き換えた通常マスは CP の形態により 1.5 倍のマス数になると仮定した。実際には通常マスや通路の具体的レイアウトに応じて CP によるマス増加数が決定するが、本研究では簡単のため上記のように仮定をした。また、一般車と貨物車の両者が状況に応じて使用可能な「兼用マス」は簡単のため常に貨物車専用のマスとして扱った。

表 12-1　ケーススタディの設定条件

対象日時	2019 年 12 月 11 日（水）15:00 〜 2019 年 12 月 12 日（木）07:00
対象 SA	海老名 SA（上り）
貨物車データ数	1,523（台）：ETC/FF データによる実績値
通常駐車容量	148（台）［一般車兼用マス含む］

(2) 初期時刻表示方法による容量拡大効果の差異

前節で説明した2通りの初期時刻表示方法において、海老名 SA の貨物車用の全駐車容量に対する CP の割合を40％にした際のシミュレーション結果について、駐車台数と台時間を図 12-3 に示す（なお、CP 割合の影響については、今回使用した駐車需要に対しては CP 割合が20〜50％で CP 導入による駐車台時間の改善がみられ、また40〜50％で長時間駐車台数が最大化できる結果となった）。まず、CP 導入なしのケースに比べ「30 分間隔型」では駐車台数でみても台時間でみても低下しており、対象 SA の需要特性を考慮せずに初期の出発時刻枠の表示を行うと、CP の使用効率が低下し、効果がないどころか、逆効果になることがわかる。これは、わが国の長時間駐車の需要や出発時刻が比較的幅広い時間帯に分布していることがひとつの要因であると考えられ、おそらくドイツの実証実験対象地では特定の時間に出発時刻が集中しているのではないかと想像される。

一方で、「過去データ型」、つまり過去数週間の同じ曜日の平均的な駐車時間特性に基づく時刻表示を行うことで、CP 導入なしと比較して駐車台数は減少するが台時間は増加する結果となった。また、8 時間以上の長時間駐車を行う貨物車に関しても多くの車両が駐車可能であることがわかる。今回の過去デー

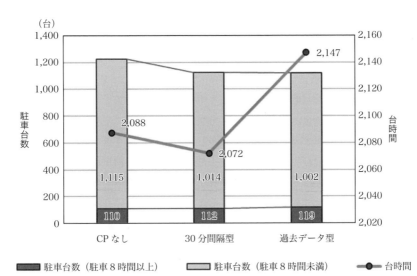

図 12-3　出発時刻表示方法別の駐車できた台数および台時間

タ活用型の時刻表示では、あくまで駐車時間の台数比率のみを考慮しているが、実際には、同じ駐車時間でも何時から何時まで駐車するかといった、さらに詳細な需要特性とCPの時刻表示が適合しているかが問題となる。そのような観点から、今回の「過去データ型」が駐車台数・台時間に与える効果については必ずしも大きな改善効果は観測できなかったと考えられる。ただし、本研究で試行した簡易な需要特性の考慮方法だけでも、欧州の事例のような30分間隔型に比べると大きな改善が期待でき、CPを導入する個々のSA・PAの需要特性の考慮が非常に重要であることを示している。

　また、希望出発時刻と実際の出発時刻に差が発生する頻度については、1回（1日）のシミュレーションで平均約5％（3〜5台程度）で、その時間も10分以下が大半であり、9割強の車両は希望時刻通りに出発できていた。シミュレーションではCP表示時刻と希望時刻との差が大きい場合はCPを選択しづらい設定にしていることも影響しているが、CP表示時刻を時間経過とともに更新しながら表示時刻に近い車両を縦列駐車させることで、出発時刻の早い車両が前方に並ぶように設計されていることから、基本的にはtime lagは小さくできることがわかる。

（3）貨物車の出発時刻の遵守率の影響分析

　前節までの分析ではすべての貨物車がCPの仕組みを把握し、ルールに則った駐車位置の選択を行う前提で分析を行った。しかし、実際には挟まれることを回避するため、CPシステムで想定している指定位置に駐車を行わない不遵守車も発生すると考えられる。不遵守車が増加すると、CPの機能が低下し、すべての車両が通常に駐車する場合よりも効率が低下することも考えられるため、遵守率の程度による影響について分析した。

　具体的には、駐車する貨物車にあらかじめ設定した遵守率に応じてランダムに遵守車または不遵守車を決定する。不遵守となった貨物車は、通常遵守の場合の指定の駐車列ではなく、出発時刻表示に関係なく、他車の影響を受けず遅延しない駐車可能な列の先頭、またはそこが空いていなければ最後尾（前から3台目）からランダムに駐車列を選択し駐車することで不遵守行動を表現した。

　不遵守となった貨物車は、各貨物車の希望出発時刻に出発する。シミュレーションはCP割合40％、出発時刻表示方法は「過去データ型」で実行した。遵守率別の台時間を示した結果を図12-4に示す。遵守率が50％以下になる状況

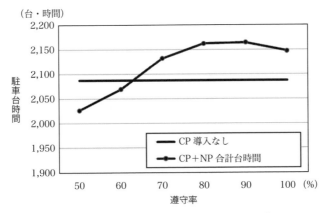

図12-4　コンパクト駐車場の遵守率別の駐車台時間

は実際には想定しづらいので（そのようなシステムは導入してはならないと考えられるので）、50％以上の結果を示しているが、台時間では50％から80％くらいまで遵守率が上がると駐車台時間も増加し、おおむね70％を超えるとCPなしのときよりも台時間が大きくなり、CPの効果が有意に発生することがわかる。

　遵守率が上がると駐車台時間も増加する傾向は想定通りであるが、一方で80％を超えるとCPの台時間と台数に変化がない、または若干低下する傾向もある。これは、不遵守車は前後車に邪魔をされないCPマスに表示時刻を無視して駐車するため、表示時刻と希望時刻の乖離によって生じてしまう空きマスを埋める効果が働いていると考えられる。つまり、「(1) 不遵守車により他車の出発が遅れたり、不遵守車は駐車列の先頭または最後尾しか駐車しない設定が影響したりして、CPマスの使用効率が落ちる効果」と、「(2) 空きマスを埋める効果」が相殺する関係の中でのバランスで、トータルの台時間の結果が生じていると考えられる。つまり20％程度までの不遵守車があると (2) の効果が適度に発生し、(1) の低下効果を相殺するが、それより遵守率が落ちると (1) の効果が卓越し台時間は減少する。

　以上、出発時刻の遵守率の影響を分析した結果、詳細なメカニズムの解明までは至っていないが、大きくは70％以上の遵守率が達成されればCPの導入意義は存在する可能性を示した。また、不遵守行動がCPシステムに与える影響について考察を行い、その存在を前提とした際の注意すべき視点についても一

定程度明らかにすることができたと考える。そして、多少の不遵守車の存在は台時間の向上につながる可能性も示唆された。ただし、今回は、台数や台時間でみたいわゆる効率性の指標で分析を行ったが、不遵守車は希望時間通りに出発できるという公平性・公正性の面での問題は当然存在するため、仮に一定の不遵守車の存在にメリットがあったとしても、それを社会的に許容することには問題がある。

12.3　コンパクト駐車場の実際の設計と運用に関する考察

(1) コンパクト駐車場の稼働時間

　欧州のトラックは夜間に連続して 11 時間以上休息をとらなければならないため、どの休憩施設でも夕方 18 時過ぎから順次駐車場が埋まっていき、朝 6 時過ぎから駐車車両が減っていく。したがって、CP による駐車レーン誘導が機能しているのは 18 時から 21 時くらいまでである。深夜 24 時前後ではトラックの出入りはほとんどない。

　日本でもトラックの駐車需要は昼間帯ではなく夜間帯に多く、そこでの需要管理が求められている点では同じといえる。したがって、駐車台数を増加できる CP は夜間時間帯に活用すべきである。ただ、第 6 章、第 7 章で示したように、8 時間以上の長時間駐車には休息目的以外の荷主の時間指定に合わせた待機が含まれていることがわかっている。このため長時間駐車を開始する時間・駐車場を出発する時間は、ドイツのように決まっておらず、ばらつきが大きい。

　そこで、多くのトラックが到着を始める夕方時間帯（15 時）から、多くのトラックが出発し混雑が解消する早朝時間帯（8 時）を CP の稼働時間とすることが望ましいのではないだろうか。15 〜 8 時の時間帯では CP の稼働により長時間駐車を行う貨物車を優遇し、それ以外の時間帯では CP ではなく小型車も大型車も利用できる兼用マスとして提供することで、昼夜の小型車の需要と大型車の需要に応じた運用を行えると考えられる。

(2) コンパクト駐車場の利用インセンティブ

　CP は通常の駐車マスに比べて容量は増加できるが、個々の車両にとっては出発時刻に制限がかかるため、もし同じ SA 内に大型車用の通常マスがあればあえて CP に駐車するインセンティブは基本的にない。一方で、駐車できる台数は増え全体としてはメリットがある。したがって、CP 駐車に対するインセ

ンティブ設計が必要になる。そこで、仮に混雑している SA 駐車場が原則有料になった場合に（1時間無料、その後は有料など）、長時間利用の CP ではそれまでの走行距離を勘案して、休息を含む 11 時間までは無料、その後は有料、といったインセンティブ設計も考えられる。また、安心して駐車できるように CP を予約制にすることも検討に値するであろう。

なお、休憩施設に近い位置に CP を設置することで駐車を促すことも考えられるが、トラック内で睡眠をとることを考慮すると休憩施設から遠い騒音の少ない位置が望ましいとの判断もあり得る。また、第6章で紹介したとおり、長時間駐車車両による混雑が原因で、トイレ休憩等の短時間駐車車両が駐車できないケースも顕在化しており、このような短時間の休憩車両に対して、最近では高速道路会社で休憩施設近傍に短時間限定駐車マスの設置と運用が試行されている[3]（図 6-27）。そのため、CP の設置位置はそれらの要素を総合的に判断し決めることになる。

12.4　高速道路 SA・PA での駐車容量拡大に向けた課題

本章では、高速道路 SA・PA の駐車容量が逼迫するわが国において、ハード的な拡張でなく、貨物車両の出発時刻管理によって駐車容量を拡大しつつ、長時間駐車を行う貨物車両を優先して駐車させる新たな方策として、CP の効果を分析した。その結果、ドイツを対象とした既往研究で実施している 30 分間隔表示に比べ、実際の需要に合わせた時間表示を行うことで、長時間駐車車両の駐車可能台数・台時間を拡大できる可能性を示したが、わが国の長時間駐車車両の出発時刻の幅広い分布特性（特定の時刻に集中しない）から CP の導入効果は必ずしも大きくない可能性も示唆された。

次に、貨物車両の遵守率の影響を分析し遵守率が 70％以上守られることで CP は通常の駐車と比較して効果を発揮することが示唆された。本研究では、各駐車列であらかじめ出発時刻を表示する方式の CP を分析したが、各車両が出発予定時刻を駐車ゲートで入力し、その時刻をもとに先発順に各駐車列に柔軟に縦列駐車させる隊列駐車場（コラム式パーキング）は、多様な出発時刻分布にも対応可能で、より容量拡大が可能であると想定される。一方で、先着順で駐車することになるので、必要に応じて長時間駐車車両を優先させる方式を組み合わせて実施するなどの必要があると考えられる。

なお、本研究の政策分析上の立ち位置の問題であるが、本研究では8時間以

上といった長時間駐車を行う貨物車を優遇することを是として分析を行った。これはドライバーの労働基準で定められた 13 時間の拘束時間の後の 8 時間以上のまとまった休息を前提としているが、実際には、同じ長時間駐車でも、一定時間以上走行していない車両、つまり数時間のみ走行しただけで 8 時間以上の駐車を行う車両も一定割合で含まれている。また、特積事業者では、高速道路 SA・PA ではなく、路外の自社ターミナルを整備し、そこで休息をとることが多い。その視点では、本研究は比較的 SA・PA で休息をとる貸切トラック型の運送事業者寄りの政策分析という見方もできる。長時間駐車が駐車容量不足を引き起こしている面もあるため、高速道路 SA・PA でどのような車両の駐車を優先させるかは一概には決められないし、原因者負担原則からは駐車料金設定や路外駐車場への誘導などの政策検討も重要である。なお、CP 自体は高速道路 SA・PA 以外の路外の駐車場の容量拡大にも活用可能であるため、本研究で得られた知見を路外駐車場に応用することも考えられる。これらの点も含めた考え方の整理や分析は、今後の課題である。

注) なお、高速道路の休憩施設である SA・PA における車内での 8 時間以上の休息に関して、本来は完全に自由な環境で休息すべきであり、8 時間以上の休息は SA や道の駅などに併設された宿泊施設で取ることが望ましいと思われる。しかし、現在、宿泊施設は十分には整備されておらず、貸切便などでは車内のベッドで休息をとるケースも少なくない。なお、SA 等において車内のベッドで「休息」をとること自体は法的には問題なく、その時間の処分が労働者の自由な判断に委ねられていれば問題はない（厚生労働省労働基準局長通達[4]）。本研究では現実に高速道路 SA で休息のニーズがあることを前提に、そのための容量拡大策を検討したが、路外での休息施設の整備の可能性を含め、SA・PA における望ましい休息の取り方に関しては、今後検討が必要である。

【参考文献】
1) 深谷泰己，平田輝満，根本敏則「貨物車両の長時間駐車を考慮した出発時刻管理による駐車容量拡大手法に関する研究」土木学会論文集，2024，80 (2)，pp.22-00149
2) Jens Dierke, Jessica Kleine, Rainer Lehmann "Intelligent Controlled Compact Parking for Modern Parking Management on German Motorways" Transportation Research Procedia, 2016, Vol.15, pp.620-627.
3) Car Watch「高速道路 3 社，大型車駐車マスの一部に『短時間限定駐車マス』導入 大型車ドライバーに"休憩"を確保する実証実験」，2023，https://car.watch.impress.co.jp/docs/news/1534846.html（2023.12.20 確認）
4) 厚生労働省労働基準局長「自動車運転者の労働時間等の改善のための基準の一部改正による改正後の解釈等について」，2023，https://www.mhlw.go.jp/content/001082040.pdf（2023.12.20 確認）

第13章　自動運転トラックの開発と運用

13.1　トラックの自動化

(1) 自動運転トラックに関する技術開発

　近年、自動運転に関する技術開発が急速に進められている[1]。そこで、トラック輸送の省人化を目的にして、幹線輸送における自動運転トラックやトラック隊列走行など、大型トラックの自動化に向けた取組みも行われている。自動運転のレベルは、表 13-1 のように米国自動車技術会（SAE：Society of Automotive Engineers）が定義した自動運転の5段階に基づいて評価されている。

　① トラック隊列走行

　トラック隊列走行とは、運転手が運転して先頭を走るトラック（先頭車）が、車車間通信で連結された運転席無人または有人の複数台のトラックを電子的に牽引することである。隊列中の後続車両は、図 13-1 のように運転手のいる先頭車両の制動、加速、操舵などの挙動を自動的に再現することが可能となる。その際、協調型車間距離制御システム（CACC：Cooperative Adaptive Cruise Control）を用いることで、車間時間を 0.3 秒程度まで短くすることが可能となる。これは、人間（通常時）：1.5 秒、人間（渋滞時）：1 秒、自動運転：2～3 秒と比べてもかなり短いことがわかる。

　後続車両において、後続車有人と後続車無人のケースが想定されている。後

表 13-1　自動運転のレベル別の概要

監視主体	レベル	名　称	概　要
システムによる監視	5	完全自動運転	常にシステムが運転を実施
	4	特定条件下における完全自動運転	特定条件下においてシステムが運転を実施（作業継続が困難な場合もシステムが対応）
	3	特定条件下における自動運転	特定条件下においてシステムが運転を実施（当該条件を外れる等、作業継続が困難な場合は、システムの介入要求に対してドライバーが適切に対応することが必要）
ドライバーによる監視	2	高度な運転支援	システムが前後および左右の車両制御を実施
	1	運転支援	システムが前後左右のいずれかの車両制御を実施

（出典：経済産業省資料[2]をもとに筆者作成）

続車有人であれば、車線変更や障害物回避、緊急時の対応を行う運転手が乗車することとなり、表 13-1 ではレベル 2 に相当する。なお、レベル 1 では、自動で止まる（自動ブレーキ）、前のクルマに付いて走ること（ACC：Adaptive Cruise Control）、車線からはみ出さないこと（LKAS：Lane Keep Assist System）が挙げられる。

レベル 2 では、高速道路において、

①　車線を維持しながら前のクルマに付いて走る（LKAS＋ACC）

②　遅いクルマがいればウィンカー等の操作により自動で追い越す

③　高速道路の分合流を自動で行う

ことが可能となる。

その一方、後続車無人の場合、隊列には運転手が先頭車にしかおらず、緊急時はシステムが制御して本線上に緊急停止する必要があるため、レベル 4 に相当する。

②　自動運転トラック

自動運転トラックとは、主に人間の運転手が必要なく、自律的に道路上を走行する能力をもつトラックのことを指す。図 13-2 のように先進的な各種センサーの技術を活用して周囲の状況を認識し、適切な判断を下して安全に運転する能力を備えている。また、必要に応じて、路車間通信を用いることで、遠隔

図 13-1　トラック隊列走行

図 13-2　自動運転トラック

でトラックを制御することが可能となる。

　自動運転トラックは 24 時間運転可能であることから、輸送の効率性と生産性が向上する可能性がある。また、人間のドライバーによる運転ミスや疲労による事故のリスクを減少させるとともに、燃費を改善するための最適な制御を行うことから燃料効率が向上し、環境への影響が軽減される可能性がある。しかし、自動運転の実用化に向けて、多くの技術的、法的、倫理的な課題が存在し、実用化に向けてはさまざまな問題が解決される必要がある。

　自動運転トラックについて、表 13-1 における完全自動運転（レベル 5）の前段階であるレベル 4 を想定した技術開発が進められている。レベル 4 とは、特定の走行環境条件を満たす限定された領域（限定領域）において、自動運行装置が運転操作の全部を代替する状態である。

（2）日本における自動運転トラックの実用化に向けた取組み

①　トラック隊列走行

　トラック隊列走行のために必要な要素技術の開発として、新エネルギー・産業技術総合開発機構（NEDO）により、エネルギー ITS 推進事業が 2008 〜 2012 年度に実施されてきた。技術開発の成果を踏まえて、高速道路を中心とした公道実証実験が 2017 年から経済産業省・国土交通省により実施された。その際、国内の大手トラックメーカー 4 社（日野自動車株式会社、いすゞ自動車株式会社、三菱ふそうトラック・バス株式会社、UD トラックス株式会社）が参加し、共通の隊列システムを用いて実験を行っていることが大きな特徴である。そして、2021 年 2 月には後続車無人の実証実験に成功したのに引き続き、後続車無人の実現に向けたインフラ整備や法規制、商業化などの検討が行われている[3)4)]。

　インフラ面での事業環境整備について具体的な検討を進めるため、国土交通省では「新しい物流システムに対応した高速道路インフラの活用に関する検討会」を設置し、2019 年 8 月に中間とりまとめを発表した[5)]。同とりまとめでは、隊列走行実現のために必要なインフラ整備のひとつとして、隊列形成・分離スペースの確保を挙げている。まず、後続車無人隊列走行システムの商業化までに、既存の SA・PA を拡幅するなどにより、隊列車両の形成・分離スペースを確保することが示されている。そして、商業化後の普及状況を踏まえながら、高速道路と直結する隊列形成・分離スペースを備えた物流拠点や民間施設

直結スマート IC 等の整備の必要性が示されている。その際、その整備主体や費用負担のあり方など道路事業と民間事業の役割分担について検討が必要であるとされた。また、東日本高速道路株式会社（NEXCO 東日本）が公表した次世代高速道路が目指す姿において、隊列走行の連結・解除が可能な施設などの物流中継拠点機能整備と高速道路外の物流拠点との連携強化が必要とされた[6]。2023 年 7 月には「地域経済牽引事業の促進による地域の成長発展の基盤強化に関する法律」（地域未来投資促進法）における市街化調整区域の開発許可の手続きに関する配慮規定に位置付けられた物流施設に、自動運転トラックを含めた次世代モビリティに対応し IC の近傍に立地した物流施設が追加された。

　②　自動運転トラック

　日本の自動運転トラックについて、主に完全自動運転（レベル 5）の前段階であるレベル 4 を想定した技術開発が進められている。わが国では、改正道路交通法が 2023 年 4 月に施行され、限定領域でのレベル 4 の自動運転が解禁された。

　高速道路における隊列走行を含む高性能トラックの実用化に向けた取組みとして、2021 年 9 月より経済産業省を主体として「自動運転レベル 4 等先進モビリティサービス研究開発・社会実装プロジェクト（RoAD to the L4）」が進められている。自動運転を活用した新しい基幹物流システム構築に向けて、事業化加速、社会受容性の向上、技術開発、環境整備の課題に対して検討が行われている。2025 年度以降の高速道路におけるレベル 4 自動運転トラックの実現、2026 年度以降の自動走行技術を用いた幹線輸送の実用化・社会実装を目指している。

　さらに、「デジタルライフライン全国総合整備計画」に基づいた高速道路における「自動運転支援道」の整備が計画されている。これは、自動運転車の安全かつ高速な運用を可能とするため、ハード・ソフト・ルールの面から自動運転を支援する道として整備される。2024 年度に新東名高速道路（駿河湾沼津－浜松間、約 100km）、2025 年度には東北自動車道の一部区間において自動運転車用レーンを設定し、レベル 4 自動運転トラックの運行の実現を目指すとしている。将来的には、路側センサーなどで検知した道路状況を車両に情報提供することで自動運転を支援することも想定されている。

　高速道路におけるレベル 4 自動運転トラックを活用した高度幹線物流システムにおいて、表 13-2 のような走行モデル案が提案されている。走行モデル B

表13-2 高度幹線物流システムでの走行モデル

分 類	概 要
走行モデルA	車内有人でのレベル4自動運転（運転者は非運転状態）
走行モデルB	高速道路直結施設（中継エリア）でドライバーが乗り降りまたは荷物あるいはボディを乗せ替え、本線は無人レベル4自動運転
走行モデルC	既存物流施設に高速道路へつながる接続路を設置（事業者自社拠点等から直結）または高速道路直結の共用ターミナル*を新設し、本線は無人レベル4自動運転

＊ 共用ターミナル：不特定多数の事業者のトラックが荷捌きを行える一般トラックターミナルまたはデベロッパー等が賃貸提供する物流センターのイメージ

（出典：小川（2022）[7]）

とCの実現に向けては、「高速道路直結施設（中継エリア）」の整備が前提として検討が進められている。とりわけ走行モデルCでは、高速道路と直結した民間の物流拠点や共用ターミナルの新設が想定されているものの、高速道路直結施設や高速道路との接続に関する費用分担については明示されていない。

　自動運転走行機能搭載トラックの導入に関する意向に関する調査[8]では、同機能の導入可能性があると答えたのは、全体の30％となっている。導入意向で高めとなっているのは、運輸業（30台以上）が45％、業種別では卸小売業が36％、製造業が31％となっている。つまり現段階で、自動運転トラックへの導入に対して、おおむね3分の1程度の企業が関心をもっていることがわかる。今後、同機能の導入コストや運用方法などの詳細が明確になれば、企業の導入意向も益々高くなることが想定される。

(3) 欧米における自動運転トラックの実用化に向けた取組み
① トラック隊列走行

　トラック隊列走行について、特に欧州では1990年代から主要トラックメーカーにより後続車有人を前提とした技術開発が行われてきた[9]。そして、欧州主要トラックメーカー6社による大規模な越境輸送での実証実験やメーカー間の標準仕様の策定に関する研究開発が実施されるとともに、ドイツやイギリスなどでは物流企業を巻き込んだ大規模な公道実証実験が実施されてきた。

　ここでは物流企業による隊列走行の実証実験として、ドイツの物流企業（DBシェンカー）の取組みを紹介する。ドイツには、ダイムラーとマンという世界的なトラックメーカーが存在しており、民間企業の主導による隊列走行の実験開発が行われてきた。2017〜2019年にDBシェンカーにより電子牽引・

デジタルイノベーション（EDDI：Electronic Drawbar-Digital Innovation）と呼ばれる、世界初の実証実験が行われた。実験区間はドイツ連邦交通・デジタルインフラ省（BMVI）がアウトバーン 9 号線の中に設置したデジタル化試験区間（ミュンヘン－ニュルンベルク間、約 145km）であり、実験実施にあたってはバイエルン州政府による隊列走行に関する特例措置が適用された。

　実験の概要は図 13-3 に示すとおりであり、後続車有人、隊列台数 2 台、最高速度 80km/h、車間距離 12 ～ 15m の隊列走行が実施された。車車間通信には無線 LAN（ITS G5）が使用され、後続車の前後・左右方向の制御が行われた。後続車無人の隊列走行は、後続車有人の安全性を十分に検証した後に段階的に進めていく必要があることや、荷物や輸送に対する責任の所在をどのように考えるかが難しい問題であることから、現時点のドイツでは、議論されていない。

　実験は 2019 年 1 月に終了し、総走行距離 35,000km、98％でシステムが利用可能であり、システムの頑健性が示された。また、燃料消費は後続車 3 ～ 4％、先頭車 1.3％の節約がみられ、一定程度のエネルギー削減効果が観察された。実験では、隊列走行時のドライバーの心理的負荷を調査するため、脳波（EEG）や視線などのデータの収集・分析も行われた。脳波の分析結果からは、通常走行時と隊列走行時とでドライバーの心理的負担に大きな違いは見られず、先頭車と後続車の間でも大きな違いは確認されなかった。また、ドライバーへのアンケート調査からは、実験参加後に、多くのドライバーが隊列走行に対して肯定的な意見をもつようになり、車間距離 15m（80km/h の速度で車

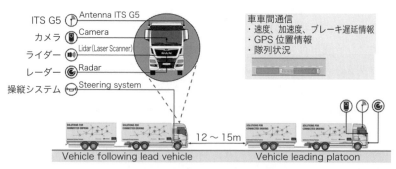

図 13-3　ドイツ EDDI での隊列走行の概要
（出典：渡部（2020）[9]）

間時間 0.675 秒）は許容できるとの回答も多くあった。以上の実験結果は、隊列走行が物流企業の効率性と収益性の向上、トラックドライバーの労働環境の改善につながる可能性を示していると考えられる。

② 　自動運転トラック

国内外の主要なトラックメーカーにおける動向について、表 13-3 のようにまとめることができる。日本国内の主要メーカーは欧米の主要メーカー 3 社や国内大手自動車メーカーとの間に資本提携を行ってきたが、その関係性はここ数年で非常に大きな変化がみられた。さらに、国内メーカー同士の経営統合が進められるなどの合従連衡が続いており、欧米主要メーカーとの関係性についても今後大きな変化が見込まれている。

自動運転トラックの開発については、欧米主要メーカーは米国を中心とした

表 13-3　国内外の主要トラックメーカーにおける近年の動向

日　本	主な動向（日本メーカー）	欧　米	主な動向（提携先）
三菱ふそう	・レベル 2・大型トラック発売（2019/10）：ダイムラーの技術を共用 ※ダイムラー子会社	ダイムラー	・レベル 2・大型トラック「アクトロス」量産化発表（2018/9） ・米トルクロボティクス買収（2019/3） ・トラックに特化した自動運転部門の設置（2019/6）→隊列走行への新規投資凍結 ・米ウェイモと技術提携（2020/10）
日　野	・電動化や自動運転などフォルクスワーゲングループとの戦略的提携（2018/4）→トレイトンと解消（2023/4） ※トヨタ子会社→三菱ふそうと経営統合を発表（2023/5）		
		トレイトン	・フォルクスワーゲントラック＆バスから社名変更（2018/8） ・隊列走行システム相互接続（子会社マン、スカニア）（2018/11） ・米トゥーシンプルと技術提携（2020/9）
いすゞ	・日野との ITS 技術共同開発（2016）→実用化（2018） ・トヨタとの資本提携解消（2018） ・ボルボと商用車分野での戦略的提携（2019） ・コマーシャル・ジャパン・パートナーシップ・テクノロジーズへの参画（2021）：小型商用事業のトヨタ、スズキ、ダイハツと合弁会社設立 ・米ガティックと技術提携（2021/9）	ボルボ	・自動運転 EV トラックコンセプトカー「ヴェラ」発表（2018/9）→商業利用開始（2019/5） ・初の商用自動運転トラック（ノルウェー、鉱山向け）提供（2018/9） ・米エヌビディアと技術提携（2019/6） ・米オーロラと技術提携（2021/3）
UD トラックス	・レベル 4・自動運転デモ（2018/12） ※ボルボ子会社→いすゞ子会社（2020）		

（出典：Juliussen[10]、自動運転ラボ[11]、渡部（2023）[12]など各種資料より筆者作成）

自動運転ソフトウェア開発プラットフォームの開発企業（米国・エヌビディア）や自動運転開発のスタートアップ企業（米国・オーロラ、ウェイモなど）と連携しており、オープンイノベーションが進められている。オーロラは幹線輸送での自動運転物流サービスに向けた技術開発を進めており、2023 年 4 月に「2024 年末までに、テキサス州のダラス・ヒューストン間で、運転手なしでの商用物流に必要な最終的な運転能力を導出した」と発表している（日本貿易振興会（2023）[13]）。また、自動運転トラックに関するスタートアップ企業（スウェーデン・アインライド、米国・ガティック、トゥーシンプルなど）は、トラックメーカーとともに投資家、物流企業、小売業という 4 つの関係主体が連携して開発が進められている。

　さらに、これらのスタートアップ企業による日本市場への導入に向けた動きも見られている。トゥーシンプルは 2023 年 6 月に日本市場への参入を発表し、東名高速道路での実証実験を行うなど商用化に向けた取組みを進めている。また、ソフトバンクグループは、2023 年 9 月、自動運転開発のスタートアップ企業の創業者らによる自動運転トラックに関するスタートアップ企業である米国・スタック AV の設立に際して、資金提供を行うことを発表している。

　米国において、高速道路上を限定領域としたレベル 4 自動運転トラックの運用において、一般道を走行する有人運転のトラクターとの連結・解除に対応した「トランスファーハブ」の設置が検討[14]されているものの、その整備主体や費用負担などの詳細については検討されていない。

13.2　高速道路における自動運転トラックに対応した物流拠点の整備

　自動運転やトラック隊列走行などの新技術に対応した道路インフラとして、レベル 4 自動運転の段階では、高速道路という道路条件でのみ適用可能であることから、隊列を組んだり自動運転へと切り替えたりする拠点を高速道路の一部（高速道路と同等の道路条件を確保できる道路）に立地させる必要がある。そこで本節では、トラック隊列走行と自動運転トラックを考慮したインフラ整備の一環として、国内の先進事例の調査に基づき、高速道路における大型貨物車の自動化に対応した高速道路に直結した物流拠点の整備に関する現状を報告したうえで、全国展開に向けた整備方針に関する政策提言を行う。なお事例調査については、関係する団体へのヒアリング調査を 2022 年 3〜6 月に実施した。

（1）大規模な物流拠点の立地に関する法制度

トラック輸送の広域的な物流拠点であるトラックターミナルは、「自動車ターミナル法」（1959 年制定、自タ法）に基づき、当初は特別積合せ貨物運送を対象としていたが、現在では不特定多数の自動車運送事業者が対象となっている[13]。

トラックターミナルには、一般トラックターミナルと自動車運送事業者が自社の運送事業のために整備した専用トラックターミナルの 2 種類がある。前者は国土交通大臣の許可が必要となり、自動車運送事業者の拠点を集約し交通混雑の緩和など公共的役割を果たしていることから、地方自治体が出資する第 3 セクターにより整備している。なお、トラック輸送が長距離化したことを受け、高速道路 IC 周辺地域に物流拠点を整備するニーズが高まったため、1974 年には日本道路公団も出資するようになり、現在では 3 つの高速道路会社が引き継いでいる[15]。

大規模な物流拠点の整備については、「流通業務市街地の整備に関する法律」（1966 年制定、流市法）に基づく、流通業務団地が挙げられる[16]。流通業務市街地は、都市計画法での地域地区である流通業務地区と都市施設である流通業務団地で構成される。流通業務地区において立地可能な業種は運輸業、倉庫業、卸売業に限定され、トラックターミナルや卸売市場、上屋または荷さばき場など 11 種類の施設に限定される。道路整備と一体化した物流拠点の整備の事例として、東京 23 区内の 4 つの一般トラックターミナル（京浜、板橋、足立、葛西）は、流市法に基づき区部流通業務団地として整備され、首都高速道路における都心からの放射方向の路線と中央環状線との交点付近に、道路整備と一体化した物流拠点として計画的に配置された（図 13-4）。

その後、高速道路の整備とあわせて物流拠点を整備するため、第 11 次道路整備五カ年計画（1992 年制定）に基づく「道路一体型広域物流拠点整備事業」が進められた。特徴としては、都道府県が主体となって各種調整を進めたうえ、図 13-5

図 13-4　板橋トラックターミナル
（出典：日本自動車ターミナル株式会社）

のように高速道路 IC と連絡するアクセス道路を含む関連道路を整備することで、物流拠点を道路と計画的・一体的に整備することが挙げられる。モデル事業として、関（岐阜）と羽生（埼玉）が選定された[17)18)]ものの、いずれも実現しなかった。その要因として、IC は公的に整備されるうえ、関連道路等の整備主体は道路管理者であるものの、開発者に対してインセンティブの付与が十分でないことと、道路行政のなかだけでは農地転用（規制緩和）や土地区画整理（補助金）などの余地が少ないことが挙げられる。

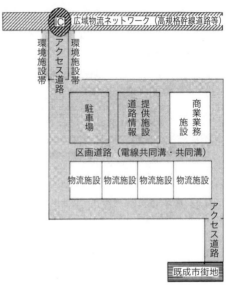

図 13-5　道路一体型広域物流拠点整備事業
（出典：深澤（1996）[19)]）

　さらに、輸送網の集約や輸配送の共同化等の輸送の合理化により、流通業務の効率化を図る事業の認定や支援措置等を定めている「流通業務の総合化及び効率化の促進に関する法律」（2005 年制定、物流総合効率化法、以下、物効法）が挙げられる。

　そのなかで、2 者以上の連携による流通業務の省力化に資する事業として、認定事業に対して、計画策定経費・運行経費の補助、物流拠点への税制特例等の支援が行われ、支援措置メニューには物流施設の立地規制に関する配慮（市街化調整区域の開発許可に関する配慮）も含まれている。物効法の 2020 年の改正において、幹線輸送と都市内輸送の接続等の機能を有する一定規模の物流拠点が対象に追加された。具体的には、幹線輸送と都市内輸送を結節する自動車ターミナル等の広域物流拠点などが対象となる。

　2023 年 7 月には「地域未来投資促進法」における市街化調整区域の開発許可の手続きに関する配慮規定に位置付けられた物流施設に、自動運転トラックを含めた次世代モビリティに対応し IC の近傍に立地した物流施設が追加された。

（2）高速道路と直結した
　　　次世代基幹物流施設
　　　の開発計画
　①　開発計画の経緯
　新名神高速道路の宇治田
原 IC（2024 年度開通予定）
に隣接した京都府城陽市東
部丘陵地青谷先行整備地区
において、図 13-6 のよう
な高速道路 IC に直結し次

図 13-6　次世代基幹物流施設の概要
（出典：三菱地所ウェブサイト[20]）

世代のモビリティに対応した「次世代基幹物流施設」の開発計画が進められて
いる。同地区は、京都府が 2018 年に策定した「新名神を活かす『高次人流・
物流』構想」において次世代型物流拠点として位置付けられている。このよう
に、初期段階から行政と事業者が連携し、計画が進められてきたことが特徴的
である。

　行政（京都府）へのヒアリング調査によると、行政による各種調整として、
全体調整は政策企画部、その他の街づくりに関わるそれぞれの話は他の部同士
（農林水産部、建設交通部等）で行われた。通常の企業誘致と同様に、京都府
が事業者からのワンストップの窓口となり、国や市町村などとの各種調整を
行っている。京都府の役割は基礎自治体との調整で、農地の開発、保安林の解
除などが挙げられた。

　不動産事業者（三菱地所株式会社）へのヒアリング調査によると、処理台数
は 1 日数千台の交通量を想定しており、屋上中心部にはトラック隊列走行やダ
ブル連結トラックの連結・解除スペースを充分に確保したうえで、高速道路か
ら庫内バースまで一貫した自動運転を想定している。また、今後の施設運営に
あたっては、荷主、物流事業者、不動産事業者とともに、自動運転や庫内作業
の自動化に関連する自動車メーカー、IT ベンチャー、関係事業者を巻き込ん
だ共同運営体制の構築が計画されている。

　②　専用ランプウェイ整備における課題
　高速道路 IC と物流拠点を直結するために、専用ランプウェイ（総延長約
560m）が設置される。不動産事業者（東急不動産株式会社）へのヒアリング
調査によると、自動車専用道路から直接私有地に入ることで自動運転等の許可

が取りやすいこと、一般道を通らないため渋滞と事故の懸念を払拭できることがその理由として挙げられている。国土交通省との協議において、便益を受けるのは民間のみとの見解が示されたことから、ランプウェイは不動産事業者の費用負担で整備されることとなった。

行政（京都府）へのヒアリング調査によると、行政側の課題として、こうした物流施設への投資は、道路の公共インフラとしての投資の境目の程度がはっきりしておらず、現状では行政は道路法でできる範囲であるが、資金や法体系によりどの程度インフラを支えるべきなのか不明確な点が挙げられた。

③　全国的な整備に向けた取組み

高速道路と直結した基幹物流施設の開発計画は関東圏においても進められており、京都府において計画中の次世代基幹物流施設と組み合わせた運行体制を構築することで、東名阪を結ぶ幹線輸送における自動運転トラックやトラック隊列走行の普及に大きく貢献するものと期待されている。

具体的には、神奈川県横浜市の旧上瀬谷通信施設地区において、同地区北部に位置する物流地区と東名高速道路と直結する新たな IC を設けることの具体的な検討が進められている。2020 年 3 月に策定された土地利用基本計画では、物流地区において東名高速道路や保土ヶ谷バイパスなどの広域的な幹線道路との近接性を活かし、自動運転トラックや後続車無人隊列走行等の次世代モビリティへの対応を行うことで効率的な国内物流を展開する新たな拠点を形成するとしている。なお、2023 年 10 月現在において、完成年次や IC の費用分担などの詳細は公表されていない。

不動産事業者（三菱地所）へのヒアリング調査によると、全国的な普及に向けた課題として、事業者としてはコンソーシアムのような協同運営体制を設立し、経済効果や負担軽減によって投資回収できる仕組みづくり（特にランプウェイの整備）を行政主導で行うことを要望している。

（3）都道府県によるワンストップサービスの制度化

①　制度の概要

埼玉県では、企業誘致と計画に基づく土地利用、田園環境と調和した産業基盤づくり、乱開発の抑止を目的として、圏央道の整備に合わせて 2006 年に「田園都市産業ゾーン基本方針」を策定した。その後、県内全域を対象として「埼玉の持続的成長を支える産業基盤づくり取組方針」を 2022 年に策定した。

表 13-4　産業基盤づくりにおける主な調整先と内容（埼玉県）

担当部署	主な内容	国との調整
企業局	産業団地の造成、分譲	
都市整備部	都市計画法、土地区画整理法	関東農政局
県土整備部	道路計画、道路整備、河川整備	関東地方整備局
農林部	農業振興地域内農用地区域からの除外、農地転用許可	
産業労働部	企業誘致情報、工場立地法	
環境部	環境アセスメント、みどり条例	
企画財政部	地域振興施策、国土利用計画	

（出典：渡部ら（2023）[21]）

　従前は市区町村が個々に表 13-4 のような県庁内の関係各課と調整（国：関東地方整備局や関東農政局とは県庁関係各課が調整）する必要があった。本制度では、産業基盤対策幹（旧 田園都市づくり課）が市町村からの開発相談にワンストップで対応し、部局横

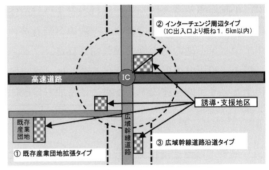

図 13-7　産業誘導地区の対象エリア
（出典：埼玉県ウェブサイト[22]）

断的庁内会議を活用し産業基盤づくりに係る農林調整をはじめとする県庁内関係各課との土地利用調整を一括して行うなど、スピードアップ化を図った。

　②　制度の運用実績

　行政（埼玉県）へのヒアリング調査によると、市町村による産業基盤づくりの取組みを全庁体制でバックアップする産業誘導地区については 2022 年 3 月末までに 39 地区を選定した。そのうち、企業等に区画販売を開始した 31 地区に誘致した業種について、割合として製造 44％、物流 56％（31 地区内で製造 60 社、物流 75 社）となっており、物流業が多く立地している。さらに、圏央道の整備・開通により物流業が増加傾向にあるという。

　産業誘導地区の対象エリアとして、図 13-7 のように 3 つのタイプがある。行政（埼玉県）へのヒアリング調査によると、その割合は、

　①　既存産業団地拡張タイプ：15％

　②　IC 周辺タイプ：39％

③　広域幹線道路沿道タイプ：46％

というように、幹線道路沿道・高速道路周辺における整備が8割以上という結果となった。さらに、立地済みまたは立地を公表している物流施設を含む産業誘導地区は、23地区あり、圏央道を中心に高速道路IC周辺に立地している。

　同制度に基づく物流施設の開発事例として、川島インター産業団地を紹介する。同団地は国道254号に隣接し、川島ICの整備に併せて開発（2009年完成、約47ヘクタール）された。不動産事業者（プロロジス）へのヒアリング調査によると、同団地に立地するプロロジスパーク川島・川島2の開発については、不動産事業者と区画整理施行者および自治体と連携し、土地区画整理事業の初期段階から関与しており、複数の事業者が利用するために汎用性が高いマルチテナント型の物流施設が整備された。

　以上、埼玉県の事例から学べることは、物流拠点の整備にあって開発と環境保全という目的を達成するためには、地方自治体の関与が重要ということである。

（4）高速道路直結型物流施設の全国展開に向けた整備方針の提案

①　物流拠点の立地選定について

　高速道路の沿道で物流施設を立地させる際には、行政と事業者が連携した広域的な物流拠点の計画立案が重要となる。本章で紹介した埼玉県の事例のように、高速道路の沿道における物流施設の立地に関する各種調整をワンストップで行えることが重要である。このことから、各都道府県では同様の制度を整備することが望ましいと考えられる。その際、民間施設直結スマートIC制度を用いて高速道路との直結路（アクセスランプ）を整備する場合は、高速道路会社との事前の調整を通じて、高速道路本線との接続に対する安全性などの観点から検討を行う必要があると考えられる。

②　公共負担による整備方針

　高速道路直結型物流施設の整備方針について、図13-8のように整理する。まず、図13-8①では、13.2（2）で紹介した次世代基幹物流施設を想定している。直結型民間物流施設は、3つの機能すべてを兼ね揃えており、機能3（レベル4自動運転）を担うためには民間負担によるアクセスランプでの高速道路との直結が不可欠である。一方、機能1（在庫）と機能2（貨物積み合わせなど）を担う施設が直結するメリットはなく、アクセスランプに関しても投資額

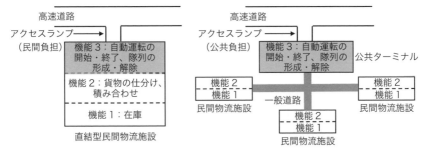

①　次世代基幹物流施設の事例　　②　公共ターミナルの整備による機能分担

図 13-8　高速道路直結型物流施設の整備方針

（出典：渡部ら（2023）[21]）

に見合う交通量は期待できないことが課題である。

そこで、図 13-8 ②のように、公共負担でアクセスランプを整備したうえで、機能 3 だけを担う施設を多くの物流事業者が共同で活用する公共ターミナルとして整備することが考えられる。参考事例としては、一般トラックターミナ

図 13-9　バスタ新宿

ルとともに、高速バス事業者が共同で使うバスタ新宿（1 日約 1,500 便が発着）（図 13-9）や複数船会社が共同で使うコンテナバースが挙げられる。

具体的には、物効法の対象として、ダブル連結トラック等に対応した共同輸送拠点が認定されていることから、この拠点をトラック隊列走行における隊列形成・分離スペースやレベル 4 自動運転トラックにおける自動運転への切替スペースに対象を拡大することが考えられる。

また、公共ターミナルは、複数の物流事業者により共同利用される物流拠点として公共性が高いことから、自タ法に基づく一般トラックターミナルとして、地方自治体や高速道路会社などが出資した第 3 セクターにより整備されることが考えられる。特に、高速道路自動運転支援サービスが高速道路会社、トラックメーカー、情報通信会社などが出資する会社によって提供される可能性が高いことを考慮すると、高速道路会社、あるいは日本高速道路保有・債務返

済機構（高速道路機構）の積極的関与が望まれる。

　なお、SA において自動運転車両の拠点施設を整備する費用の一部について、高速道路機構から高速道路会社に対する無利子貸付制度が、2023 年 9 月に創設された。さらに流市法では、公共施設として、道路や自動車駐車場その他政令で定める公共の用に供する施設が指定されている。そこで、公共ターミナルを流市法に基づき国より指定を受けた流通業務地区におけるトラックターミナルとして整備することで、アクセスランプは公共施設として公的負担による整備が可能となると考えられる。

13.3　自動運転トラックの普及に向けて

　本章では、自動運転トラックの技術開発に関する現状について、トラック隊列走行と自動運転トラックについて、日本と欧米における取組みをまとめた。

　さらに、自動運転トラックを運用する際に必要となる物流拠点に関連する法制度として、大規模な物流拠点の整備、高速道路と接続した物流拠点の整備、トラック隊列走行とともに、特定の条件下で運転を完全に自動化するレベル 4 自動運転トラックの本格的な導入に向けた物流拠点の整備に関する取組みを整理した。特に、高速道路と接続した広域物流拠点整備に向けた制度や現状の民間施設直結スマート IC に関する取組み、接続道路の費用負担の現状をまとめた。

　そのほか、日本初となる高速道路 IC 直結の物流施設の開発計画（京都府城陽市）における専用ランプウェイの位置付けと行政による取組み、行政による先進的な取組みとして、埼玉県による事例に基づいた行政によるワンストップサービスによる物流施設の立地調整に関する制度の現状をまとめた。そのうえで、全国的な展開に向けて、行政と事業者が連携した広域的な物流拠点の立地の在り方について、特に公的関与の重要性を指摘した。

【参考文献】
1) 保坂明夫, 青木啓二, 津川定之『自動運転（第 2 版）：システム構成と要素技術』森北出版, 2019.
2) 経済産業省「デジタルライフライン全国総合整備実現会議第 1 回事務局資料」, 2023.
3) 小川博「トラック隊列走行の現状と商業化の課題」運輸と経済, 2019, 79 (9), pp.30-37.
4) 渡邉徹「本格導入間近のトラック隊列走行」運輸と経済, 2021, 81 (2), p.84-89.

5) 国土交通省道路局「新しい物流システムに対応した高速道路インフラの活用に関する検討会」，https://www.mlit.go.jp/road/ir/ir-council/nls/index.html（2023.12.20 確認）

6) 東日本高速道路「自動運転社会の実現を加速させる次世代高速道路の目指す姿（構想）」，2021．https://www.e-nexco.co.jp/activity/safety/future/（2023.12.20 確認）

7) 小川博「商用車の自動化、安全対策そして MaaS 化」日本物流学会 2021 年度第四回関東部会研究部会配付資料，2022．

8) 日本自動車工業会「2022 年度普通トラック市場動向調査」，2023．https://www.jama.or.jp/library/invest_analysis/pdf/2022Trucks.pdf（2023.12.20 確認）

9) 渡部大輔「欧州におけるトラック隊列走行に関する取り組みの現状」海運経済研究，2020，54，pp.1-10．

10) Juliussen, E.（Autonomous Truck Software Platforms Advance, EE Times Asia, https://www.eetasia.com/autonomous-truck-software-platforms-advance/（2024.1.18 確認）

11) 自動運転ラボ（自動運転トラックの開発企業・メーカー一覧（2023 年最新版）https://jidounten-lab.com/u_autonomous-truck-matome（2024.1.18 確認）

12) 渡部大輔「物流の『2024 年問題』の先を見据えた物流イノベーション〜大型トラックの長大化と自動化を中心に〜」ていくおふ，2023，173，pp.15-23．

13) 日本貿易振興機構「米国の自動運転による物流サービス実用化に向けた企業動向」，https://www.jetro.go.jp/biz/areareports/2023/1cc91c947a67117a.html（2023.12.20 確認）

14) Zarif, R., Starks, C., Sussman, A. and Kukreja, A. "Autonomous trucks lead the way" Deloitte Insights, 2021.

15) 苦瀬博仁，建設技術研究所物流研究会 編著『物流からみた道路交通計画―物流を、分ける・減らす・換える―』大成出版社，2014，250p..

16) 加藤一誠，田村幸士「公共トラックターミナル生成の史的展開とその意義」三田商学研究，2020，63 (1)，pp.49-69．

17) 苦瀬博仁，鈴木奏到，岡英紀，IBS「都市と物流」研究会 編著『物流と都市地域計画―ロジスティクスが創る新たな社会―』大成出版社，2020，352p..

18) 武内章「公共物流拠点の形成に関する研究―関広域物流拠点形成を事例として―」地域学研究，1998，28，p.159-171．

19) 深澤典宏「道路一体型広域物流拠点整備事業について」国際交通安全学会誌，1996. 21 (4)，p.53-56．

20) 三菱地所「日本初、高速道路 IC 直結「次世代基幹物流施設」開発計画始動」，https://www.mec.co.jp/news/archives/mec220203_logicross.pdf（2023.12.20 確認）

21) 渡部大輔，平田輝満，坂井孝典，根本敏則，兵藤哲朗「高速道路におけるトラック隊列走行・自動運転に対応した物流拠点の整備に関する研究」日本物流学会誌，2023，31，p.57-64．

22) 埼玉県「産業基盤づくりの支援」，https://www.pref.saitama.lg.jp/a1103/sangyokiban-top/（2023.12.20 確認）

第14章　長大トラックの活用に向けた物流MaaSの実現

　物流の2024年問題などを背景として、トラック輸送の生産性向上が求められている。本書の各章で論じているように、トラック輸送の生産性向上にあたっては、車両の長大化（長大トラック）、自動化（自動運転トラック）などの実現が不可欠であり、その実現が期待される。

　車両の長大化、自動化の実現には、乗り越えるべきさまざまな課題がある。車両の長大化に関していえば、運べる貨物の量が増えるからこそ、運ぶ貨物を集めなければならない。しかし、ダブル連結トラックの活用について論じた第4章でもみたように、単一の荷主の貨物の輸送（貸切輸送）では、恒常的に長大トラックに見合う量の貨物を確保することは容易ではない。その解決策が、複数の荷主の貨物を積み合わせて輸送すること（混載輸送）であり、その実現のためには、トラックと貨物を上手にマッチングする技術が求められる。

　また、自動化に関していえば、自動運転トラックを確実に運行させる技術が必要であり、第13章でみたように、レベル4を想定した技術開発が進められている。今後、自動運転が社会実装される際には、複数のトラックメーカー（OEM）が製造し、かつ複数の運送事業者が保有する自動運転トラックが道路上を行き交うことになる。そのような多種多様な自動運転トラックの運行を確実に監視するためには、トラックデータを標準化し、トラックの稼働状況などをリアルタイムに把握する技術が求められる。

　政府でも、近年、世界的に着目されているMaaS（Mobility as a Service）の概念を物流に適用した「物流MaaS」を提唱し、さまざまな取組みを進めている。ただし、貨物の着荷主、着荷主ごとの輸送量、トラックの空車・積載状況といった物流に関する情報は、公共交通機関の稼働状況などの情報とは異なり、一般に企業外部に公開するものではない。そのため、「物流MaaS」の実現は、人の交通を対象とするMaaSよりも難しいと考えられる。本章では、MaaSの概念のレビューを踏まえた物流MaaSの論理的な整理を通じて、トラックと貨物のマッチング、トラックデータの標準化など、長大トラックの活用、さらには自動運転トラックの実現に向けた課題を明らかにする。

14.1　物流 MaaS の概念と課題

（1）MaaS の概念と日本の課題

①　人の交通に関する MaaS の提唱

MaaS は 2014 年にフィンランドで提唱された概念であり、「幅広い種類の交通サービスをひとつのサービスとして統合し、ユーザーが必要なときに自由にアクセスし選択できるようにするもの」である。

MaaS では、交通サービスの利用者が、複数の交通事業者が提供する複数の交通サービスを、その差異を気にすることなく簡便に利用できる環境が重要とされている。そのために求められることが、交通サービスの利用者が交通サービスに対してアクセスする窓口の一本化と、データの連携である。

その意味で、MaaS の主たる特徴は 2 つある。第 1 の特徴は、交通事業者と利用者の間に MaaS オペレーターという新たな主体が必要となることである。MaaS オペレーターは、交通事業者が供給する交通サービスを組み合わせた料金体系を設定し、利用者に提供する。

第 2 の特徴が、MaaS オペレーターが交通サービスの利用者に最適な交通サービスの組み合わせを提示する際に、交通サービスの時刻表や運賃、運行、予約、決済などのデータを連携させることである。欧州では、地方行政組織が地域公共交通を運営するケースが多く、オープンデータとして必要な情報を開示することへの抵抗は大きくなかった。また、当初は情報開示の効果に懐疑的であった利害関係者も存在したとされるが、マイカーの利用から公共交通機関などの利用へのシフトを社会的な目標に掲げるなかで、公共部門以外の交通事業者にとっても情報を開示することへの抵抗は小さく、それが欧州における MaaS の進展に寄与している。

②　日本における MaaS の課題

近年、日本においても MaaS の普及への期待が高まっているが、課題も複数ある。第 1 の課題が、「データ連携に向けた標準化」である。国土交通省では、日本版 MaaS の推進に向けてデータ連携への支援、ガイドラインの策定・改定などを行っている。ただし、データ連携の進展には慎重な見方も多く、事業者・業界間の調整、情報の共有方法と可否、データの標準化などの検討が求められる。

第 2 の課題が、「MaaS の導入効果の明確化」である。日本では、都市部を

中心に公共交通機関が充実しており、個別の交通事業者が供給する交通サービスのみでも高いモビリティが確保されるケースが多くある。そのようなケースでは、MaaS の導入効果は必ずしも明確ではない。実感できる効果を生み出すためには、地域や利用者を特定することが有用かもしれない。

　なお、交通事業者の多くが民間企業である日本では、システムの連携や統合にあたり、データや決済システムなどの「協調領域」と、各交通モードの利用で得られる付加価値などの「競争領域」に分けることが、MaaS の実現に有用との指摘もある。

(2) 総合物流施策大綱における物流 MaaS の提示

　物流 MaaS とは「複数の商用車メーカーのトラック車両データを共通的な仕組みで連携させ協調して取り組むべき課題に活用するなど、物流分野における新しいモビリティサービス」であり、上述した MaaS の概念を物流効率化に適用するために、経済産業省が提唱した概念である。

　物流 MaaS は、「総合物流施策大綱（2021 年度～ 2025 年度）」（以下、「大綱」）で示された 3 つの施策のうち、第 1 の施策「物流 DX や物流標準化の推進によるサプライチェーン全体の徹底した最適化（簡素で滑らかな物流の実現）」を構成する施策のひとつとなっている。

　日本の物流現場は、技術水準が高い反面、書面手続や対面でのやり取りなど非効率な面も多い。物流のデジタル化や機械化により物流業務が単純化、標準化され、また、これまで荷主企業や物流事業者が個々に保有していた物流・商流データを企業間で共有できれば、需給のマッチングによる物流の効率化や、ロジスティクスの最適化につながる。なお、ここで物流データとは「荷主－物流事業者間の運送契約の結果としての物流事業者の車両の方面別稼働状況や積載状況など」であり、商流データとは「発荷主－着荷主間の商取引における商品の品目と数量、受発注の頻度など」である。

(3) 物流 MaaS の取組み

　経済産業省では、2019 年度に「物流 MaaS 勉強会」を設置し、物流 MaaS の実現像と、商用車メーカーによる取組みの方向性をとりまとめている。

　第 1 に、物流 MaaS の実現像については、「荷主・運送事業者・車両の物流・商流データ連携と部分的な物流機能の自動化の合わせ技で最適物流を実現し社

会課題の解決、および物流の付加価値向上を目指す」としたうえで、幹線輸送、結節点、支線配送ごとに物流データの連携例を示している（図 14-1）。

第 2 に、トラックデータ連携の仕組み確立をはじめとする 3 つの取組みの方向性を示している。具体的には、「OEM ごとに車両からの情報がバラバラで、複数 OEM 車両の一元的な運行管理ができない」ことを阻害要因として示したうえで、「日本版 FMS 標準およびコネクターを活用し、複数 OEM のトラック車両データを収集し、運行管理可能な仕組みを確立」することに取り組むとしている。なお、FMS（Fleet Management System：運行管理システム）とは、「トラックデータの標準仕様」であり、コネクターとは、データを交換するための接続装置である。

ここでトラックデータとは、車両稼働管理データ、車両運行管理データ、架装データ、ドライバーデータ、積荷データなどを指す（表 14-1）。これらのデータは、一般に、トラック内部に設置された CAN（Controller Area Network）のほか、トラックに内蔵または後付けで設置されたデジタル式運行記録計（以下、デジタコ）などから取得できる。大手の物流事業者では、デジタコやドライブレコーダーなどで取得した情報の活用が進んでいる一方で、中小の物流事業者では、そもそもデジタコの導入自体が進んでいないなど、物流データの取得・活用の状況はさまざまである。また、FMS 標準は欧州では 2001 年に定められている。日本でも 2014 年度から検討が重ねられてきており、2023 年度中に日本版 FMS 標準の公開が予定されている。

また 2020 年度には、複数の民間事業者と連携した実証事業が行われている。

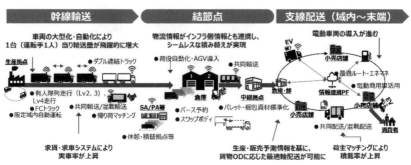

図 14-1 「物流 MaaS 勉強会」が提示する物流 MaaS の実現像

（出典：経済産業省）

表 14-1　トラックデータの分類

分　類	内　容	データの例
車両稼働管理データ	車両の状態管理・故障検知・遠隔診断等の機能に関連するデータ	車両 ID、加速度、エンジン回転数、シフト位置、燃料消費量、ブレーキ、アイドリング、系統異常等
車両運行管理データ	車両の運行管理機能（ルート設計、位置情報管理等）の提供に関連するデータ	車両 ID、車両位置、走行時間、走行距離、車速（法定 3 要素）、発着地、空車・実車、休憩等
架装データ	架装設備稼働や架装内状況等に関連するデータ	架装 ID、架装空スペース、庫内温度、テールゲート・ウィング開閉、架装内カメラ、積荷ロケーション等
ドライバーデータ	ドライバーの労務管理機能の提供に関連するデータ	ドライバー属性情報（年齢・性別・運転歴等）、稼働時間、休憩時間、健康情報、運転特性等
積荷データ	荷主が保有する、自社積荷に関連するデータ	品目、数量、金額、サイズ、発着先、納期、輸配送要件等

（出典：経済産業省（2020）[2)]をもとに筆者作成）

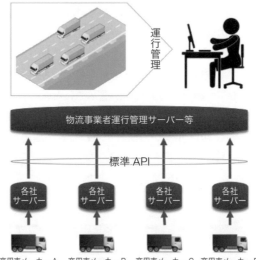

図 14-2　トラックデータ連携のための標準 API 仕様（案）
（出典：経済産業省）

　その内容としては、協調領域としての安全性向上などに関するユースケースの確認、ユースケースにもとづく連携可能なデータの特定と危険運転に関するハザードマップの生成のプロトタイプの提示などがある。

　図 14-2 は、実証事業において示された、トラックデータ連携のための標準

API 仕様の概念図であり、商用車メーカー（OEM）A 社〜D 社製のトラックを使用する物流事業者が、自社が運行する車両の情報を、商用車メーカー各社のサーバーから、標準 API を介して取得する仕組みを示している。

（4）物流 MaaS の課題

　物流 MaaS の考え方は物流効率化に有用であり、トラックデータの標準化も MaaS の課題とも整合しているが、懐疑的な見方も多い。

　そもそも、物流・商流データは、荷主企業や物流事業者にとって重要な営業機密情報であり、その公開は運賃交渉等において不利益にもなりかねないため、容易に企業外部と共有できるものではない。データを共有するためにコストがかかり、さらに共有することにメリットがないのであれば、データの連携は進まない。この意味で、物流 MaaS の実現に向けたハードルは、人の移動を対象とする MaaS が直面しているハードルよりも高い。

14.2　欧州におけるトラックデータの標準化

（1）トラックデータに対するニーズと標準化

　欧州でのトラックデータの標準化（FMS 標準の策定）は、トラックユーザーである物流事業者からの、複数のトラックメーカー製の車両の整備・修理に対するニーズから始まった。

　当初、トラックメーカーは、安全上の理由からトラックデータへの第三者のアクセスを禁止していたが、スカニアが許容に転じたことを契機として、2001 年にトラックメーカー 4 社（スカニア、マン、ダイムラー、ボルボ）が FMS 標準を取り決めた。これにより、トラックメーカー以外のサードパーティがトラックデータにアクセスできることとなった。

　その後、2005 年には、複数メーカーの車両に対応した、FMS 標準準拠のテレマティクス機器が商用化され、ひとつの機器で複数メーカーの車両の情報を管理できるようになった。さらに現在では FMS がすべての車両に標準搭載されている。また、2014 年には、後述する rFMS（remote FMS）標準が策定され、トラックメーカーのサーバーからインターネット経由で、複数メーカーのトラックの情報を管理できるようになっている。

(2) デジタル技術の義務化とトラックデータの標準化

　欧州では、長時間運転に伴うドライバーの過労問題を背景として、2006 年に車両総重量 3.5 トン以上の新車へのデジタコの搭載が義務付けられた。デジタコの普及に伴い、トラックデータのより容易な取得に向けて、インターネット経由でトラックデータを取得するニーズが高まった。これに対してトラックメーカーが中心となって策定したものが rFMS 標準である（表 14-2）。

　さらに欧州では、2019 年 6 月以降に登録された大型車から、デジタコにGPS 機能を付加したスマートタコグラフの搭載が義務付けられている。この背景にはカボタージュ規制（他国の事業者による国内輸送の制限）の取り締まりを実施したい当局のニーズがある。1993 年以降、欧州域内を往来するトラックは、国境を意識せず通過できるようになったが、カボタージュ規制は従来通りであり、登録国以外の国の国内輸送（発地・着地とも当該国）は入国 1回ごとに 7 日間以内、3 件までに限定されている。したがって、カボタージュ規制に関する取り締まりのためには、「運転時間と場所（国）」について、改ざんできないデータの取得が重要とされたのである。

表 14-2　FMS 標準と rFMS 標準の主な項目

FMS 標準			rFMS 標準でカバー
データ取得元	分　類	項目名	
車両情報 (CAN：Controller Area Network から取得)	燃料情報	使用燃料量	○
		燃料タンク充足率	○
	エンジン情報	トルク	○
		回転数	○
		温　度	○
	ブレーキ情報	ブレーキペダル位置	○
		補助ブレーキトルク	○
	走行距離	累積走行距離	○
	車　速	車速（車軸回転数）	○
	車　重	車　重	○
デジタコ情報	デジタコ内部情報	運転方向（前後）	○
	ドライバー情報	ドライバー ID	○
		ドライバーごとの活動（休憩・運転など）	○
		規定労働時間の超過状況	
	車　速	車　速	○
		速度超過有無	

（出典：「第 2 回物流 MaaS 推進検討会」（2021 年 3 月 22 日）資料をもとに筆者作成）

（3）トラックデータの標準化とFMSサービス市場の形成

　欧州では、FMS標準とrFMS標準の策定により、どのトラックメーカー製の車両からも、トラックデータが取得できる環境が整ってきている。これにより、物流事業者に対して運行管理サービスや安全運転・エコドライブ支援サービスを提供するFMSサービス市場が形成されてきた。Research & Marketの予測によれば、FMSサービスを利用する車両（トラック、バス）は、2018年の910万台（商用車の17%）から、2023年には1,740万台（同32%）に増加するとされている[3]。

　欧州におけるFMSサービスのビジネスモデルを示したものが図14-3である。ここでトラックメーカー各社は、自社製の車両からトラックデータを取得し、物流事業者に運行管理サービスを提供している。またダイムラーは、トラックメーカーでありつつも、他のトラックメーカー製の車両に、同社製の車載器を搭載することで、トラックデータを取得し、運行管理サービスを提供するビジネスモデルを構築している（図14-3のトラックメーカーA社）。

　また、サードパーティ事業者もFMSサービスを提供している。FMSサービス最大手のウェブフリートソリューションズは、トラックメーカーのサーバー

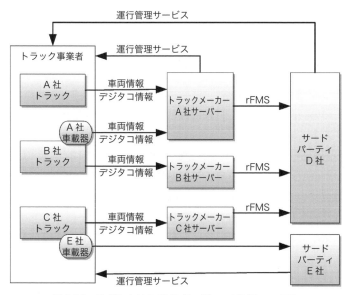

図14-3　欧州におけるFMSサービスのビジネスモデル

から rFMS を介して取得したトラックデータを用いて、物流事業者に対して運行管理サービスを提供している（図 14-3 のサードパーティ D 社）。大型車を対象とした FMS サービス最大手のトランシクスは、トラックの FMS コントロールユニットに同社製のコネクターを差し込んでトラックデータを取得し、物流事業者に対して運行管理サービスを提供している（図 14-3 のサードパーティ E 社）。

　具体的には、トレーラーの軸重、空気圧、荷室内温度などのデータを収集する機器などのハードウェアと、トラックやトレーラー、ドライバー、協力会社等の情報を管理するソフトウェアを用いて、トラックの管理（トラックの位置や速度、運転・休憩時間のリアルタイムのモニタリング、技術的状態・保守点検の状況の管理）、トレーラーの管理（トレーラーの位置、状態、積荷の温度などの管理）、ドライバーの管理（エコドライブの支援、労働時間の計画とモニタリング）、各種文書の管理、支払の管理（欧州各国の税金・通行料金の支払）などを行うことができる。

　FMS サービスの利用により、物流事業者は、営業する複数の国において、かつ自社保有トラックだけでなく協力会社保有トラックもあわせて、費用の削減（エコドライブによる燃料費の削減、保守費用の削減など）、業務効率の向上（混載による積載率向上などの生産性改善）、顧客サービスの向上（各種情報のリアルタイムな提供）などを実現している。

14.3　日本における物流 MaaS の実現に向けた課題

(1) トラックデータの標準化

　これまでの議論を踏まえ、日本における物流 MaaS の実現に向けた課題を 2 点指摘する。

　第 1 の課題が、「トラックデータの標準化」である。日本では、国土交通省のデジタコの型式認定において法定 3 要素（時間、距離、車速）のデータ形式が共通されているが、その他のデータはメーカーごとに項目や形式が異なり、互換性もない。トラックデータの標準化を進めるにあたっては、トラックデータの標準化に対するニーズと、それを支えるデジタル技術の義務化が不可欠である。

　トラックデータの標準化に対するニーズはわが国でも確実に存在している。たとえば、デジタコメーカーであるトランストロンが提供する FMS サービス

(ITP-WebService) は、2010 年にサービスを開始して以来、約 6 千社の契約企業に累計 24 万台出荷している。

　しかし、トラックデータの標準化を支えるデジタル技術の義務化は進んでいない。デジタコ、スマートタコグラフなどデジタル技術の義務化によってトラックデータの標準化が促進されている欧州に比べ、日本ではデジタコさえも義務化されていない。ただし、欧州におけるデジタル技術の義務化も、技術そのものが起点ではなく、交通事故の削減やカボタージュ規制の遵守が起点であった。わが国でも、近年、トラックが原因となる交通事故の削減や、改善基準告示にもとづくドライバー労働時間の厳格な管理が求められており、デジタコの義務化は必要である。なお、「持続可能な物流の実現を目指す検討会　最終取りまとめ（2023 年 8 月）」では、「デジタコについて義務付けも視野に入れつつ強力に普及促進を図るべき」ことが明記されている。

　また、デジタコの導入により書類作成も効率化できる。たとえば、物流事業者が記録を義務付けられている運転日報には「運転の開始・終了場所、主な寄り地（荷積み・荷おろし）と休憩場所」を記載する必要がある。アナログタコグラフではすべて手書きする必要があるが、デジタコやスマートタコグラフを利用すれば、自動的に運転日報が作成できる。デジタコの義務化、および運転日報デジタル化の義務化は、トラックデータの標準化の推進力となると考えられる。

(2)　物流・商流データのマッチング

　第 2 の課題が、「物流・商流データのマッチング（FMS サービス市場の形成と拡張）」である。図 14-2 でも示したように、物流 MaaS では、物流事業者が、自社が運行する車両からの情報を各自動車メーカーのサーバーから標準 API を介して取得し利用する、トラックデータ連携の仕組みが提示されている。

　また、利用可能となった物流データ（トラックの積載率など）を用いて物流事業者間で共同輸配送を促し、商流データ（輸送が必要な積荷の情報）とマッチングすることにより、複数荷主の貨物を積み合わせた混載輸送を実現することが目指されている。このような共同輸配送などが実現できれば、輸配送の経費が削減できるとともに、より多くの貨物を集めることも可能になる。

　さらに、物流効率化の成果を上手に荷主企業と物流事業者でシェアすることができれば、荷主企業は、コストとしての運賃が低下し、物流事業者は、運賃

が下がる以上に経費が下がることで利益率が向上するのではないだろうか。

　このとき、データ連携範囲の検討が重要となる。上述したように、経済産業省の実証事業では、協調領域におけるトラックデータ連携のユースケースとして「ドライバーの安全確保のためのハザードマップ（ヒヤリハット・マップ）生成」のプロトタイプが示されている。今後は、競争領域に属する、付加価値を生み出し得るトラックデータの多様な連携を模索する議論も重要である。

　たとえば、特定の物流事業者が複数の荷主から依頼を受け輸配送業務を行っている場合、必ずしも荷主が真に必要としている出荷時刻・入荷時刻を把握して業務を実施しているわけではない。多くの荷主の貨物を積み合わせて輸送している物流事業者の立場から考えると、各荷主から入手した出荷・入荷の希望時刻を調整して無駄な待機時間や輸送回送を減らすことで、より効率的な輸配送を実現できるかもしれない。

　また、荷主が複数の物流事業者に輸配送業務を委託している場合において、必ずしも荷主はすべての物流事業者の日々の運行状況を考慮した委託ができているわけではない。荷主の立場から考えると、各物流事業者のトラックデータを同時に利用できることになれば、より実車率・実働率の高い運行が可能な物流事業者の車両を指定して輸配送業務を委託することで、より効率的な輸配送が実現できるかもしれない。

　不特定多数の物流事業者、荷主を同時に巻き込まずとも、物流・商流データのマッチングには大きな効果が期待できる。まず、特定の企業グループ内で、外部の専門業者の協力を得ながら、物流・商流データのマッチングを行っていく必要があるのではないだろうか。

　なお、FMS サービス市場への参加者は物流事業者、荷主企業、トラックメーカーに限られない。たとえば、保険会社がトラックデータを利用することで、物流事業者に安全運転インセンティブ契約（安全運転による保険料の割引）を提案することが考えられる（図 14-4 の「保険会社」）。このほかにも、トラックデータを個社単位で活用するにとどめるのではなく、同業者や異業種との連携を通じて、従来からの車両や物流施設の利用の高度化（トレーラー管理、求貨求車、バース予約など）、労務・人材管理（ドライバーの時間や健康、資格・技能など）、インフラ管理（高速道路の休憩施設における駐車マスの予約など）といった新たな領域への展開も期待できる。

　さらに、トラックデータを匿名化処理（マスキング）・集計することで、社

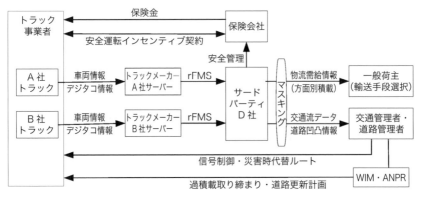

図 14-4　FMS サービス市場の拡張

会的な付加価値を生み出すことも可能である。たとえば、交通管理者にとって、車両サイズ別の交通流データは、日常的な信号制御に活用できるとともに、災害・障害発生時の代替ルートを検討する際の基礎データになると考えられる（図 14-4 の「交通管理者・道路管理者」）。

　また、道路管理者にとって、重量別のトラック交通量、道路路面の凹凸など舗装状態を診断できる振動センサーの情報は、日常的な道路補修に活用できるとともに、道路の更新計画を策定する際の基礎データになると考えられる（図 14-4 の「交通管理者・道路管理者」）。

　さらに、一般荷主にとって、物流の需給量に関する情報（方面別積載情報、輸送手段別運賃水準）は、商品や物資の輸配送に利用可能な輸送手段や輸送ルートを検討する際の基礎データとなる（図 14-4 の「一般荷主」）。なお、匿名化処理された重量別のトラック交通量のデータからは過積載の重点的取り締まり区間の検討が可能である。

　そのほか、路上に設置した WIM（車両重量自動計測装置）で計測した車両重量と、ANPR（自動ナンバープレート認識）で同定した車籍を紐付けすれば、より効率的な過積載の取り締まりも行うことができる。

14.4　これからの物流 MaaS の実現への期待

　本章では、物流 MaaS の概念と課題を整理したうえで、欧州におけるトラックデータの標準化、FMS サービス市場形成について観察した。そして、日本において物流 MaaS を実現するうえでの課題について論じた。

　議論を通じて、物流 MaaS を推進するためには「トラックデータの標準化」と「物流・商流データのマッチング」が重要であることを確認した。また、トラックデータの標準化は物流 MaaS 以外でも社会的に重要な役割を果たすため早急な整備が必要であるほか、トラックデータの標準化に合わせデジタコの義務化など物流のデジタル化が有用なことが明らかになった。

　物流の効率化を実現する物流 MaaS の実現を通じて、車両の長大化と自動化が可能となり、ひいてはトラック輸送の生産性向上が達成できる。より実践的な検討と早期の実現が期待される。

【参考文献】
1）味水佑毅，根本敏則，倉橋敬三「物流 Maas の実現に向けた FMS サービス市場形成に関する現状と課題」運輸政策研究，2023，25，pp.52-61.
2）経済産業省製造産業局「物流分野におけるモビリティサービス（物流 Maas）勉強会とりまとめ説明資料」，2020，https://www.meti.go.jp/press/2020/04/20200420005/20200420005-3.pdf（2023.12.20 確認）
3）Research & Markets "Analysis on Europe's Fleet Management Market, 2019-2023", 2019, https://www.globenewswire.com/news-release/2019/12/09/1957984/0/en/Analysis-on-Europe-s-Fleet-Management-Market-2019-2023-Installed-Base-of-FM-Systems-to-Reach-17-6-Million-Units-by-2023.html（2023.12.20 確認）

索　引

【英数索引】　＊和欧混合含む。

2024 年問題 ……………………………… 2
30 分間隔型 …………………………… 163
5 つの重点計画 ……………………… 151
ANPR …………………………………… 199
BPR 関数 ……………………………… 32
CAN（Controller Area Network）…… 191
CLO：Chief Logistics Officer ………… 6
ETC/FF（Free Flow）データ … 99, 127
European Modular System（EMS）
………………………………………… 143
EV（電気自動車）…………………… 147
FCV（燃料電池車）………………… 147
FMS サービス市場 ………………… 195
FMS 標準 …………………………… 191
GPS ……………………………… 22, 194
High Capacity Vehicle ……………… vii
IAP（Intelligent Access Program）… 22
MaaS（Mobility as a Service）……… 188
NPV（Net Present Value：
　正味現在価値）……………… 58, 61
PTV Vissim ………………… 130, 140
rFMS 標準 …………………………… 194
SA・PA ……………… 75, 112, 151, 160
Swept Path ……………………………… 8
time lag ……………………………… 162
WIM（車両重量自動計測装置）…… 199
XD 引取り物流 ……………………… 48

【和文索引】

（あ行）

足柄 SA …………… 80, 86, 101, 116
アルゴリズム ……………………… 154
一時退出 …………………………… 70, 104
一般化費用 ………………………… 32
一般的制限値 ………… vii, 16, 18, 40
インセンティブ設計 ……………… 169
インターモーダル輸送 ………… 11, 41

迂回率 ………………………………… 34
運行管理 …………………………… 191
　——システム（FMS）……… 72, 191
運行ネットワーク ………………… 51
海老名 SA ………………………… 76, 103
エリア検知システム ……………… 113
欧州グリーンディール …………… 21
大型貨物車 ………………………… 26
大型車駐車場 ……………………… 151
大型車誘導区間 …………………… 18
オーナーマスターデータ ………… 26
オープンデータ …………………… 189
お届け物流 ………………………… 47
重さ指定道路 ……………………… 18

（か行）

回収期間 …………………………… 59, 63
回収期間法 ………………………… 58
改善基準告示 …………… vii, 112, 151
回転率 ……………………………… 84
過去データ型 ……………………… 163
貸切運送 …………………………… 41
稼働率 ……………………………… 90
カボタージュ規制 ………………… 194
貨物混載型 ……………………… 68, 71
幹線輸送 …………………………… 42
機械荷役 …………………………… 53
企業間物流（B to B）…………… 42
企業―消費者間物流（B to C）…… 42
希望出発時刻 ……………………… 160
基本駐車容量 ……………………… 96
休憩・休息 ………………………… 76
協調型車間距離制御システム
　（CACC：Cooperative Adaptive
　Cruise Control）………………… 171
共同輸送 …………………………… 57, 63
空間的分布 ………………………… 34
クロスドック …………………… 46, 65
経済性評価 ………………………… 57
兼用マス …………………………… 87

後続車無人 ················· *171*
後続車有人 ················· *171*
公道実証実験 ··············· *173*
港北 PA ····················· *80*
コネクトエリア浜松 ······ *90, 105*
混載 ························ *47*
混雑料金 ···················· *95*
コンパクト駐車場 ······· *155, 160*

（さ行）

最大駐車容量 ··············· *96*
最短距離経路 ················ *34*
産業誘導地区 ··············· *183*
時間制約 ···················· *46*
時間占有比率 ················ *76*
次世代基幹物流施設 ········· *181*
持続可能な物流の実現を目指す
　検討会 ···················· *197*
自動運転 ··················· *171*
自動運転トラック ··········· *172*
自動化 ····················· *188*
自動車ターミナル法 ········· *179*
自動車部品輸送 ·············· *40*
自動車メーカー ·············· *46*
ジャーニー ·················· *26*
ジャストインタイム（JIT） ····· *46*
車両制限令 ··············· *16, 40*
車両連結型 ··············· *68, 71*
集荷・配送 ·················· *42*
重要物流道路 ················ *18*
縦列駐車場 ················· *151*
出場台数率 ················· *117*
出発時刻管理 ··············· *160*
出発時刻の遵守率 ··········· *160*
出発・到着時間帯 ············ *30*
商流データ ················· *190*
初期時刻表示 ··············· *163*
新東名高速道路 ·············· *77*
スマートタコグラフ ········· *194*
政策パッケージ ············· *158*
設計交通量 ·················· *84*
ゼロエミッション車 ········· *21*
全国道路・街路交通情勢調査 ······· *26*
全国配分モデル ·············· *32*

全長 ······················ *143*
専用ランプウェイ ··········· *181*
走行需要 ···················· *31*
走行旋回軌跡図 ··············· *8*
総合物流施策大綱 ········· *ii, 190*
総重量 ····················· *143*

（た行）

台キロ構成比 ················ *26*
大容量車両（HCV：High Capacity
　Vehicle） ················· *143*
隊列形成・分離スペース ····· *173*
隊列走行 ················ *32, 171*
隊列駐車 ··················· *160*
隊列駐車場（コラム式パーキング）
　····················· *153, 169*
高さ指定道路 ················ *18*
立寄率 ····················· *84*
多店積み多店おろし ·········· *43*
ダブル連結トラック
　········ *6, 18, 26, 40, 56, 63, 112*
短時間限定駐車マス ······ *94, 169*
中継輸送 ············ *11, 50, 104*
駐車エリア ·················· *85*
駐車場予約システム ·········· *90*
駐車台数 ··················· *117*
駐車マス ················ *115, 151*
　——拡充 ··················· *85*
　——選択行動 ··············· *117*
　——不足問題 ··············· *151*
駐車マナー ·················· *92*
駐車容量拡大 ··············· *160*
駐車列 ····················· *154*
長時間駐車 ··············· *76, 160*
長大化 ················· *142, 188*
長大トラック ············ *2, 11, 26*
通過交通 ···················· *32*
積替費用 ···················· *42*
デジタコ ··················· *191*
デジタル化 ················· *117*
デジタル式運行記録計 ········ *191*
手荷役 ····················· *43*
テレマティクス機器 ········· *193*
テレマティクス技術 ········· *151*

転換需要 ･･････････････････････････ 39
電動化 ･･････････････････････････ 142
電動トラック ････････････････････ 148
動的出発時刻 ････････････････････ 160
──表示 ････････････････････････ 160
東名高速道路 ･･････････････････････ 77
道路一体型広域物流拠点整備事業
　･･････････････････････････････ 179
道路ネットワークデータ ･･････････ 31
道路リンク ･･････････････････････ 32
特車申請 ････････････････････････ vii
特殊車両通行確認制度 ･･･････ vii, 18
特殊車両通行許可制度 ･･･ vii, 17, 40, 53
特別積合せ運送事業者（特積事業者）
　･･････････････････････････ 56, 170
特別積合せ貨物運送（特積運送）････ 40
豊橋 PA ･･････････････････････････ 94
トラック
　──の大型化 ････････････････ 11, 40
　──の人件費 ･･･････････････ 59, 142
　──の整備効果 ････････････････ 34
　──の輸送費用 ････････････････ 42
トラックデータ ････････････････ 188
　──の標準化 ･･････････････････ 193
トラックドライバー ････････････ 151
　──の労働環境 ････････････････ 76
トラックメーカー ･･････････ 177, 188
トリップデータ ･････････････････ 26
ドローン ････････････････････････ 115

（な行）

荷おろし地点 ･･････････････････････ 81
入場台数率 ････････････････････ 117
ネットワーク解析 ････････････････ 31
燃料費軽減 ･･････････････････････ 90
ノーマル駐車場 ････････････････ 162

（は行）

バス専用マス ････････････････････ 121
発生集中量 ･･････････････････････ 28
バッテリー ･･････････････････････ 147
ハブターミナル ････････････････ 43

浜松 SA ･･････････････････････････ 90
浜松いなさ IC ･･･････････････････ 89
浜松いなさ路外駐車場 ･･････ 89, 107
ピーク率 ････････････････････････ 84
日帰り乗務 ･･････････････････････ 50
引取り物流 ･･････････････････････ 48
ビジネスモデル ･･････････････････ 52
表示板 ･･････････････････････････ 155
標準化 ･･････････････････････････ 188
付加価値労働生産性 ･･････････････ 3
不遵守車 ････････････････････････ 160
物的労働生産性 ･･････････････････ 3
物流・商流データのマッチング ･･･ 197
物流データ ･･････････････････････ 190
物流統括責任者 ･･････････････････ 6
物流 MaaS ･･････････････････････ 188
不適切駐車 ･･････････････････････ 122
部品メーカー ････････････････････ 46
平均トリップ長 ･･････････････････ 26
補助金 ･･････････････････････ 57, 60

（ま行）

マイクロシミュレーション ･･･････ 127
満空情報 ････････････････････････ 91
ミルクラン ･･････････････････････ 46
民間施設直結スマート IC ･････ 70, 184

（や・ら行）

有料化 ･･････････････････････････ 94
ライジングボラード ････････････ 93
離散選択モデル ････････････････ 108
流通業務市街地の整備に関する法律
　･･････････････････････････････ 179
流通業務の総合化及び効率化の
　促進に関する法律 ････････････ 180
レベル 4 ･･････････････････････ 172
連結・解除 ･･･････････ 64, 71, 145, 174
連結車（トレーラー）･･･････････ 41
労働生産性 ･･･････････････････ 49, 89
労働生産性指標 ･･････････････････ 3
ロールボックスパレット ･･････ 43, 58
割引率 ･･････････････････････････ 60

執筆者一覧

【執筆者略歴】　五十音順、敬称略（2024 年 3 月現在）

稲庭　暢（いなにわ　のぶ）　第 11 章

1975 年福島県出身。東北大学経済学部卒業、東京大学大学院経済学研究科博士課程満期退学、神奈川大学経済学部非常勤講師を経て、現在、株式会社公共計画研究所主任研究員

利部　智（かがぶ　とも）　第 2 章、第 4 章、第 6 章、第 8 章

1972 年宮城県出身。横浜国立大学経済学部卒業、ノッティンガム大学大学院環境管理学（PgDip）修了、現在、株式会社公共計画研究所代表取締役

後藤　孝夫（ごとう　たかお）　第 4 章、第 6 章

1975 年広島県出身。慶應義塾大学商学部卒業、同大学大学院商学研究科後期博士課程修了、九州産業大学専任講師、同准教授、近畿大学経営学部准教授、同教授を経て、現在、中央大学経済学部教授

坂井　孝典（さかい　たかのり）　第 7 章、第 9 章

1982 年京都府出身。東京工業大学大学院修士課程修了、株式会社アルメック海外室勤務、University of Illinois at Chicago にて Ph.D. 取得、MIT の在外研究機関である Singapore-MIT Alliance for Research and Technology（SMART）のシニア博士研究員を経て、現在、東京海洋大学流通情報工学科准教授

坂野　花菜子（さかの　かなこ）　第 2 章

1987 年石川県出身。2009 年国土交通省入省、北陸地方整備局用地部用地企画課長、航空局総務課長補佐、長崎県地域振興部次長等を経て、現在、道路局企画課道路経済調査室企画専門官

田邉　肇（たなべ　はじめ）　第8章

1979年東京都出身。日本通運株式会社、日本郵便株式会社、マジオドライバーズスクール多摩校、日本梱包運輸倉庫株式会社を経て、現在、多摩ドライビングスクール所属

西峯　洋平（にしみね　ようへい）　第3章

1985年山口県出身。首都大学東京（現 東京都立大学）都市環境学部卒業、同大学大学院都市環境科学研究科博士前期課程修了、地理情報システム開発会社での開発エンジニア職等を経て、現在、株式会社公共計画研究所副主任研究員

根本　敏則（ねもと　としのり）　第1章、第2章、第4章、第6章、第8章、第10章、第11章、第12章、第13章、第14章

1953年青森県出身。東京工業大学工学部卒業、同大学大学院博士課程修了、東京工業大学助手、福岡大学経済学部助教授、一橋大学大学院商学研究科教授を経て、現在、敬愛大学経済学部教授、一橋大学名誉教授

兵藤　哲朗（ひょうどう　てつろう）　第1章、第3章、第7章、第9章

1961年東京都出身。東京工業大学工学部卒業、同大学大学院博士課程修了、東京理科大学助手、東京工業大学助手、東京商船大学助教授を経て、現在、東京海洋大学流通情報工学科教授

平田　輝満（ひらた　てるみつ）　第12章

1977年新潟県出身。東京工業大学工学部卒業、同大学大学院博士課程修了、（一財）運輸政策研究機構（現 運輸総合研究所）研究員、茨城大学工学部准教授を経て、現在、茨城大学大学院理工学研究科教授

味水　佑毅（みすい　ゆうき）　第2章、第4章、第6章、第8章、第10章、第11章、第14章

1978年東京都出身。一橋大学商学部卒業、同大学大学院商学研究科博士課程修了、一橋大学大学院商学研究科講師（ジュニアフェロー）、高崎経済大学地域政策学部専任講師、同准教授等を経て、現在、流通経済大学流通情報学部教授

山本　隆（やまもと　たかし）　第6章

1972年神奈川県出身。中央大学理工学部卒業、同大学大学院理工学研究科博士前期課程
修了、日本道路公団入社、中日本高速道路株式会社東京支社保全・サービス事業部交通
技術課長、浜松保全・サービスセンター所長を経て、現在、中日本高速道路株式会社保
全企画本部交通課長

渡部　大輔（わたなべ　だいすけ）　第4章、第5章、第8章、第10章、第13章

1976年神奈川県出身。筑波大学第三学群卒業、同大学大学院博士課程修了、海上技術安
全研究所研究員、東京海洋大学助教、同大学准教授を経て、現在、東京海洋大学流通情
報工学科教授

編著者略歴

兵藤　哲朗（ひょうどう　てつろう）
1961年東京都出身。東京工業大学工学部卒業、同大学大学院博士課程修了、東京理科大学助手、東京工業大学助手、東京商船大学助教授を経て、現在、東京海洋大学流通情報工学科教授。
主要著書：『Python言語によるプログラミングイントロダクション』（共著、近代科学社）、『運輸部門の気候変動対策』『道路課金と交通マネジメント』（共著、成山堂書店）など

根本　敏則（ねもと　としのり）
1953年青森県出身。東京工業大学工学部卒業、同大学大学院博士課程修了、東京工業大学助手、福岡大学経済学部助教授、一橋大学大学院商学研究科教授を経て、現在、敬愛大学経済学部教授、一橋大学名誉教授。
主要著書：『対距離課金による道路整備』（共著、勁草書房）、『自動車部品調達システムの中国・ASEAN展開』（共著、中央経済社）、『ネット通販時代の宅配便』（共著、成山堂書店）

公益社団法人　日本交通政策研究会

代表理事　山内弘隆・原田　昇
所在地　〒102-0073　千代田区九段北1-12-6　守住ビル
　　　　電話　03-3263-1945（代表）
　　　　FAX　03-3234-4593
○日交研シリーズ、その他、研究会についてのお問い合わせは上記におねがいします。

日本交通政策研究会研究双書37
トラック輸送イノベーションが
解決する物流危機

定価はカバーに表示してあります

2024年3月28日　初版発行

編著者　兵藤　哲朗・根本　敏則
発行者　小川　啓人
印　刷　倉敷印刷株式会社
製　本　東京美術紙工協業組合

発行所　株式会社　成山堂書店
〒160-0012　東京都新宿区南元町4番51　成山堂ビル
TEL：03（3357）5861　FAX：03（3357）5867
URL https://www.seizando.co.jp
落丁・乱丁本はお取り換えいたしますので、小社営業チーム宛にお送りください。

日本交通政策研究会研究双書

33 運輸部門の気候変動対策
― ゼロエミッション化に向けて―

室町泰徳 編著
A5判 232頁 定価本体 3,200円（税別）
ISBN978-4-425-92971-9

フランスやノルウェーの EV 普及促進政策、日本の
ハイブリッド車・EV の普及や将来性と気候変動対
策の現状などを検証するとともに、公共交通や居住
地環境、ライフスタイルの変化と自動車利用との関
係などを分析。自動車に関する CO_2 削減の取組みに
ついてまとめた一冊。

31 道路課金と交通マネジメント
― 維持更新時代の戦略的イノベーション―

根本敏則・今西芳一 編著
A5判 280頁 定価本体 3,200円（税別）
ISBN978-4-425-92891-0

交通インフラの維持更新に対する GPS を活用した大
型車対距離課金、リアルタイムの交通状況を反映し
た混雑課金、総重量による料金、ITS を活用した大
型車通行許可など、各国の革新的事例を見ながら、
今後の道路交通行政のあり方について考察する一
冊。

29 ネット通販時代の宅配便

林 克彦・根本敏則 編著
A5判 248頁 定価本体 2,800円（税別）
ISBN978-4-425-92841-5

当日配送などサービスの高度化も加速し、宅配便事
業者・通販事業者にも新たな対応が求められている
背景を踏まえて、宅配便の現状と課題を日本だけで
なく、米国や中国など海外事例も取り上げ分析・解
説。ネット通販とのリンクで、不況下でも成長を続
ける宅配便市場について考察する意義ある一冊。

27 交通インフラ・ファイナンス

加藤一誠・手塚広一郎 編著
A5判 300頁 定価本体 3,200円（税別）
ISBN978-4-424-92831-6

交通インフラが建設から運営の時代へと変わり、
これからの交通インフラを考えるうえで、格付け
の手法や考え方を学ぶことが重要とされている。
本書は、交通インフラの所有形態、課金のあり方、
および資金調達に関する研究をひとつにまとめ
た、日本の交通インフラの将来を見据えた一冊。